〔増補版〕

プロケースワーカー

福祉事務所・生活保護担当員の
現場でしたたかに生き抜く法

100の心得

柴田純一著

現代書館

はじめに

アスファルトも溶ける熱風の街角で、思わず目を閉じていた訪問の昼下がり。霙《みぞれ》が首のなかに吹き込む朝、清掃車を前にゴミ出し作業を続けた日もあった。施設入所者の家財処分※1が、まだ業者委託にならない頃のことである。

療養所を強制退院になった患者は排菌中※2で、迎えに行った車を必死に走らせて戻った雨の夜も、つい昨日のようだ。

連休の翌日、寝巻やタオルを届けにいった病棟で看護師長に言われた苦情は、一人暮らしの老人が着の身着のまま救急入院したのは「行政の責任」で、家族がいなければ、あなたが洗濯をしに来てほしいというものであった。

訪問したアパートの部屋で、孤独な死に出会うこともある。

㊡（まるぼう）といわれるケースのことで、ふりかえりながら家路を急ぎ、不安や怒りに震えた感覚もよみがえる。

しかし、日々関わった人たちの、一息ついてほっとした表情とか、所内で酒を酌み交わした同僚や、先輩たちの温かさが懐かしい。

ここは福祉事務所、一体この先どうなるんだと思いながらも、新規採用で配属された私には、まさに職業人としての出発点であった。

1　施設入所者の家財処分

一人暮らしだった高齢者や障害者が、特別養護老人ホームや障害者の施設に入り、あるいは病気で入院した人の入院期間が長期化すると、長年住み慣れたアパートの部屋を引き払うこととなる。しかし、こういう場合不用になった大量の家財を処分するのは、本人にはできず、頼りになる扶養義務者もいないのが通例で、昔から福祉事務所の仕事になることが多かった。

その処理の方法は、担当者が何人かの同僚を頼み、手作業で粗大ゴミの家具から袋詰めした生ゴミにいたしかしそこでは、まともに仕事を教えてもらったという記憶がない。もっとも、ケースワーカー経験のない係長は新任で、私と同じ新採の平均二～三年の経験年数しかなかった先輩たちも、何を教えていいかわからなかったことと思う。

仕事の基本である生活保護の新規申請に関する調査さえ、初めはどうしていいか全く見当がつかなかった。

その後の仕事のやり方は勝手に自分で考えたものだった。


「こんど、福祉事務所だって!?」

「そうなんだよ、それもケースワーカーなんだって」

「えーっ?」

人事異動の時期に、全国の自治体の職員の間で交わされる会話だ。それも、多分にありがたくない響きを含んでいる。さすがに職員だから、それがどういう仕事なのかはわかっている。

そこで、「二～三年だよ、すぐ戻ってこれるよ」などと、「慰め」の言葉が続く。

生活保護の利用者、関係機関の職員はもちろん、卒業までに何百万円という学費を払って、なんとか福祉職場に就職しようと思っている社会福祉専攻の学生たちが聞いたらどう思うであろうか。

福祉事務所の生活保護担当者は、ケースワーカーと呼ばれる。

それは、この仕事が少なくとも、生活保護担当という職名のみでは表現しき

るまで、部屋の不用品一切を、依頼しておいた清掃局のトラックに一日がかりで積み込むというものであった。

今日では、生活扶助から費用を支出できるようになり、我が福祉事務所では、処理を業者委託にして実施している。

2 排菌中
感染症を引き起こした病原菌が、病巣から排出されている状態をいう。

肺結核の場合であれば、結核の病巣の中心部に細胞の死骸や浸出物が集まって乾酪壊死巣が形成され、ここに結核菌が多数存在し、気管支を通して、「せき」や「たん」に含まれて排出されている状態をいう。こ

れない、広がりと深さを持っているからである。厚生省（現・厚生労働省、以下同様）は長い間、それが「ケースワークを行う専門家」であるから、としている。しかし、今まで一度も「専門家」が配置されたことはない。※3

専門家どころか、自治体の一般職員の異動のなかで希望の有無さえ問われずに配属され、そういう職員の平均経験年数も二～三年というのが実態である。

こんな状況は今も変わらない。仕事の範囲はますます広く深く、複雑多岐にわたるのに、職場には業務に関する技術継承もなければ、専門的な業務としての認知もない。

それどころか、ほとんどの自治体では忘れられた「3K」職場で予算も乏しく、低い労働条件の割には責任だけはしっかり個人にふりかかる仕組みになっている。どんなに市長や区長が福祉に力を注いでいると言ったところで、その真偽は福祉事務所に配属を望む職員の割合が証明することになるだろう。

さて、今の新人たちはどうしているのだろう。

この本は、唯一ケースワーカーのそんな立場を守り、期せずして配属された福祉事務所新人職員を応援するものである。

しかし自分たちの立場を主張するためには、まず相手の権利を保障する仕組みにも精通しなければならない。そういう複雑な状況の中で仕事のやり方、考え方を提案し、何より嫌にならず、落ち込まず、ケースワーカーをやってよかったと思える日々を迎えられるようにこれを利用していただければと思う。

の状態のときは感染させる危険があるので極力外出を避け、マスクをする必要がある、とされている（参考『ホーム・メディカ家庭医学大事典』改訂版、小学館、一九九七年）。

3 **ケースワーカー**は、社会福祉事業法（現・社会福祉法）により福祉事務所において「現業を行なう所員」とされ「社会福祉主事」の任用資格を持つことが必要とされている。この資格は、年齢二十歳以上で「人格高潔で思慮が円熟」し「社会福祉の増進に熱意のある」者の中から、厚生大臣（現・厚生労働大臣、以下同様）の指定する養成機関または講習会の課程を修了した者のほか、大学卒業者で厚生大さらに、この本を通して生活保護ケースワーカーの仕事を初めて知る方たちには、社会福祉の土台の部分である生活保護制度の果たしている役割、その割にはお粗末な実施体制、人の問題など解決すべき課題を認識していただければと思う。

また、関係者・当事者に対しては、一体私たちがしている仕事、つくってきた体制は何だったのだろう、いつまでこの程度のことでいくのだろうかという問いかけをも含ませたつもりである。

もちろん、そういう私は今まで何をしてきたのかという批判も受けることと思う。そう、だからこそこの本は、いつも日の暮れた道を歩いてきた私の初めての義務の履行でもある。

※本書は、一九九九年三月現在の生活保護法・同実施要領の規定状況及びその他の社会保障制度の現状に基づいて書かれたものです。二〇〇〇年以降、二〇一三年十二月の生活保護法改正（二〇一四年七月より順次施行）までの動向に関しては、「増補版へのあとがき——生活保護法改正をふまえて」で補ないましたが、本文中では紙面の都合上詳細な改訂はできませんので、ご了解下さい。

臣が指定する社会福祉に関する専門科目を修めた者に与えられる。その指定科目とは、社会福祉原論・法律学・経済学・心理学・栄養学などの三二の指定科目から三科目履修していればよいので、大卒職員のほとんどが該当することになる。

しかし、問題は、自治体において「社会福祉への熱意」といった精神的な要件、つまり異動希望の有無などをほとんど無視した人事配置を行うことにより、この程度の「資格」さえ何らの機能を果たしていないことである。もちろん、ここを希望する職員は少なく、職員の交替が頻繁で平均経験年数も短い。尚、横浜市など、独自に専門職採用を実施している自治体もある。

プロケースワーカー100の心得＊目次

第Ⅲ章 生活保護法の解釈と運用をめぐる覚書き

第Ⅳ章　したたかに現場で生き抜く法

第I章

ケースワーカーとは、何をする者のことなのか

辞令をもらったその日からきみはもう、
プロのケースワーカー。
この章では、とりあえずそんなあなたに、
ケースワーカー業務の意味と心構えを提案したいと思う。
あなたの大いなる航海の門出に、乾杯!

ケースワーカーと言えば誰でも、「ケースワークをする人だ」と思う。そこで、福祉事務所のケースワーカーの役割とは？　と考えるときに、ケースワークの意味とか、生活保護制度との関係性などを初めに整理しようと考えてしまうことが多い。

これは非常に有害で、問題を見えにくくする迷路である。言葉に惑わされてはならない。

なぜなら福祉事務所で生活保護を担当する地区担当員のことをケースワーカーと呼んだからといって、地区担当員＝ケースワークをする人ではないからである。一度も専門家を配置する制度にしていないのに、全くの偶然で配属されてきた人に、ただ昔から「この仕事」を「ケースワーカー」と呼んできたという理由だけで、「ケースワークの意味」から始める必要はない。

「ケースワーカー」とは「ケースワーカーの仕事をする者」のことでいい。

これから、その業務の実態を説き明かしていくのである。

001

ケースワーカーとは、制度を適用する者のことである

ケースワーカーとは、人に社会福祉の制度を適用する者のことである。なぜなら、制度があるというだけで、必要な人がそれをすぐ利用できるということには

ならないからである。

ある民間病院の医事課職員から電話で、「ああいう患者さんは、もうお受けしないと院長が言っていますので」と伝えてきたことがあった。救急隊が連れてきた住所不定の患者は、路上生活のために汚れていて臭気がひどく診察室が使えなくなってしまった、というのであった。

その患者が医療扶助[※4]の適用となったため、その職員は院長から福祉事務所に申し入れておくように言われ、多少的外れと思いながらも電話をしたというのだった。

医療扶助（生活保護）という制度があっても、その保障内容をそのまま享受することができるかどうか、あるいは何パーセント利用することができるのか、ということはそのときの運あるいは巡り合わせによる。

この患者は生活保護という制度がありながら、どうして病気の身で体がどろどろになるまで公園で生活を続けなければならなかったのか、福祉事務所も問題ではないかと言われるかもしれない。

在宅で餓死をして、福祉事務所は一体何をしていたのかと言われることもある。

たまたま、福祉事務所の窓口で倒れたために、東京都の医療保護施設[※5]に搬送され、高度医療を受けて九死に一生を得、退院後は更生施設[※5]に入所、アパートを借りて退所し板前として元気に社会復帰を果たした元住所不定の人もいる。

そのとき、福祉事務所であなたが担当者であったら、どこの病院・機関にどん

4 医療扶助

生活保護法にもとづく八種類の扶助（▼注43参照）のひとつで困窮のため最低限度の生活を維持できない者に対して、国民健康保険と同水準の医療内容が現物（一〇割）給付される。

しかし、扶助であるため、原則として、事前に受診理由や受診したい指定医療機関などの内容を申請して福祉事務所の承認を受け、「医療券」の交付を受ける必要があり、医療保険のように被保険者証を持って自由に受診することはできない。

5 医療保護施設・更生施設

生活保護法にもとづく「保護施設」である。保護

な電話をかけることになるだろう。

だからケースワーカーとは、必要な人に制度で保障された社会福祉の内容を具体化して提供する者のことである。

これは大変なことになったと思うだろうか。

大丈夫、制度を適用するということは、制度を超えて責任を持たなくていいということでもあるのだから。

002 福祉とは制度のことと心得ること

ケースワーカーとは制度を適用する者のことである。だからケースワーカーになったら、まず自らの担当する制度が利用者に保障していることがらに精通しなければならない。

つまりケースワーカーにとって福祉とは、制度のことである。

ケースワーカーなのだから、人間的な関わりを持ち、問題解決を援助しなくてはならないなどと初めから生意気なことを言ってはならない。まず、生活保護制度によって、とにかく金を出すこと・病院にかかれるようにすること、つまり保護を決定することが重要なのである。

また、ソーシャルワーカー（社会福祉従事者）は、自ら担当する制度の枠にと

施設には、救護・更生・医療保護・授産・宿所提供の五種類がある（法第三十八条）。
▼医療保護施設は、医療の給付を必要とする要保護者に対して医療の給付（医療扶助）を行うことを目的とする施設をいう。別の条項に規定される指定医療機関制度の普及に伴い、その役割は低下し、現在の形態は病院そのものである。
しかし、本来は、本法制定時の説明にもあるように、「浮浪者、行旅病人にして入院治療を必要とする者は案外多いのであるが、これらの者は入院に際し寝具の用意もなく、又着替えの持ち合わせもない」（小山進次郎『生活保護法の解釈と運用（復刻版）』四七五頁、全社協、

らわれずに問題状況を把握すべきであるなどと言われることがある。たしかにそうだけれど気にすることはない。枠にとらわれずに理解するためには、その枠の何たるかを知らなければならないからである。

つまり、まずどのような場合に保護を決定することができるのか、この制度の意味はどういうことなのか、そういう基本的なことをしっかり頭に入れなければならない。

そこで、とにかく法律の条文を読んでほしい。制度とは法律を適用する過程だからである。

健康で文化的な最低限度の生活を保障するための原理・原則、しかしどのような場合にも、それらの規定を超えて保護を決定できるとする例外規定などに、制度の奥の深さをうかがうことができる。

法の正しい理解のうえで、実務に精通することが、プロとしての第一歩である。その上で、ケースワーク（社会福祉援助）が行われる余地があるというべきなのである。

まず初めに制度の保障しようとするところを当てはめることが仕事の始まりである。

「こんなケースは、保護しないほうがいいのではないか」などと、初めから思い上がってはいけない、余計なことを考えてはならない。「法の規定にしたがうと、決定できない」、そう言えるならいい。

一九八五年）。

したがって、容易に入院を受け入れてくれる医療機関がなかったために、重要な役割を持っていたものと思われる。

今日でも、住所がなく路上等から救急搬送される要保護者は多いが、入院治療の必要性があっても、受入れ先は少ない。現在、全国で六五施設。東京都内では、一二の社会福祉法人立の病院が「医療保護施設」に指定され、中には入院の必要な医療扶助の受給者のみを対象とした施設もある。

▼更生施設とは、身体上又は精神上の理由により養護及び補導を必要とする要保護者を入所させて、生活扶助を行うことを目的とする施設、とされる。当面在宅

もちろん制度とは生活保護制度だけにとどまらない、その他の社会福祉制度を含む広範なものである。

003 まず自分をケースワークする

次に「ケースワーカー」とは「ケースワークをする人」とイコールではないと述べたが、「ケースワーク」に十分関係のある仕事であるとされてきた。とりあえず気になることを解決しておこう。

それはケースワークとは何か、ということである。ケースワークは社会福祉固有の援助技術のひとつで従来ソーシャルケースワークと呼ばれていた技術、あるいはその技術を使って行われる援助のことである。だからケースワーカーとは、そういう社会福祉援助の技術を使ってその援助を行う専門家ということになる。※6

しかし、それではその社会福祉援助の理論や技術とはどういうものであるのかというと、実は我々実施機関のなかには全くどこにも存在していない。あるのは、ケースワークやケースワーカーという言葉だけである。

問題を整理しよう。社会福祉援助の理論や技術はケースワーカーになったら将来に向かって研究すべき課題であること、ただし「ケースワーカーの仕事」は現在の課題であること。また、「社会福祉援助の仕事」が「ケースワーカーの仕事」

が困難で、より重度とされる要保護者のための救護施設とは、入所の期間が一応定められていることなどの違いがある。

病院を退院後、一定期間ここで生活し、職員の紹介で仕事についた後、新たにアパートを借り、再び地域で暮らすというような使われ方をしている。

現在、全国で一七施設。都内では、六カ所の更生施設がある（全国の施設数は、『国民の福祉の動向』一九九八年版（厚生統計協会）にもとづく一九九六年の数字）。

6 『社会福祉援助技術各論I』社会福祉士養成講座九、二八頁〜、中央法規出版、一九九三年

のすべてではなく、その一部分にすぎないということである。

私は、とりあえず「ケースワーク」とは、**「社会福祉の援助をすること」**でよいと思っている。しかし、それがどういう過程でどんな理論にもとづくのか、などと考えていくと再び迷路に戻ってしまうことになる。

今始めなければならないことは仕事である。

突然の思いがけない異動、目前の複雑な仕事の山、自らの動きをどうしていいか途方に暮れるであろう。

自分の仕事とは一体何をすることなのか、複雑な状況の中で自分の身の置き方、心の持ち方について考えることが最初の仕事である。

私たちはいわば、免許がないのに突然タクシーの営業運転をさせられるような体験をしているのである。運転したこともないのに車に人を乗せ、道を知らないのに目的地に着かなければならない。（お客さんは一人平均八〇世帯[※7]！　そんな馬鹿な！）

さらに驚くべきことは、道路状況が極端に悪い上に、もし事故が起きたら個人の責任とされる体制のなかにいる、ということである。

ケースワーカーとは、できないことをやらされる人のことでもある。その第一歩は、この自分の身をどのように守るかということにつきるのである。

例えば自分の技術を高めるということ、自分のおかれた状況を知ること、つまり免許がなかったら、こっそり運転技術を身につけ、地図も自分で広げろという

7 世帯

生活保護法は世帯を単位としてその要否及び程度を定めるものとしている（法第十条）。家族の世帯で、一人だけ生活に困っているから保護してほしい、ということは原則として認められない。

その世帯とは（厚生事務次官通達により）、「同一の住居に居住し、生計を一にしている」場合と規定されている。だから、ケースワーカーが担当しているのは、世帯である。

八〇という数字は、一九五一年に制定された社会福祉事業法（現・社会福祉法）が、福祉事務所の所員の定数を定めた条項のなかに出てくるもので（▼注96参照）、福祉事務所では未

ことだ。さらに具体的な状況の中で自分もその状況の中の要素となっている（つまり自分の実力や動き方によって状況が良くも悪くもなる）ことに気づいていくこと、そういう自分の動きを決めて生きていくことがもう「ケースワーク」になっている、これでいいと思う。

○無理をしないこと
○納得するまで動かなくていい
○制度・理論を学ぶこと
○自分の理論と技術をつくること
○常に自分をケースワークしよう

004 ケースワーカーとは、その場に身を置く者のことである

ケースワーカーになったら、訪問しなければならない。

そう、ケースワーカーとは訪問する者のことである。

実際に、その人のアパートの部屋や病院のベッドのかたわらを訪問したり、関係者に事務所にきてもらってその人と面接することなしに保護を決定することはできない。

保護受給中の世帯を定期的に訪問することも、重要かつ大きな部分を占める仕

だにこれにもとづいてケースワーカーの人員配置を行っている。

事である。

なぜわざわざ出かけていく必要があるのであろうか。

それは、第一に法にもとづく受給権の保障のためである。法が生活保護の申請権を保障しているのに、入院していたり体が不自由であったりで、福祉事務所に申請に来られない人がいるからである。

さらに、制度を知らなかったり、自ら意思表示のできない人たちについては、職権により積極的に地域の実情を把握して、制度の目的[※8]を達成すべきことが定められているのである。

次に、わざわざ出かけていく理由は、実態を調査するためには、行ってみなければわからないからである。

書類を見ているだけではわからないことも、その場に身を置くことによって自ずから明らかになることが多いのである。ベテランのケースワーカーでなくても、アパートの部屋に入れば、その人がそれまで歩いてきた人生や今の暮らしを実感を持って想像することができる。

歩くたびにギシギシと音を立てて廊下の沈むアパートを訪ねていくと、立派な「扶養義務者[※9]」がいるのに、その人は今日食べるものがないというのだった。

面接の途中、腰と膝の痛みで整形外科に通院中で私の二倍以上の年齢のその紳士が、正座をして私の質問に答えていることに気がついた。はっとして、楽な姿勢をとってもらったことは言うまでもないが、私はその日の午後、生活保護費の

8 制度の目的

憲法第二十五条第一項は「すべて国民は健康で文化的な最低限度の生活を営む権利を有する」と定め、国民の生存権を保障している。しかし、この規定にもとづき、どのような内容の生活が、いかなる手続きによって実現されるかについては、必ずしも明らかにされているわけではない。

一方、生活保護法第一条は、国が生活に困窮するすべての国民に対して、憲法第二十五条に規定する理念にもとづき、「最低限度の生活を保障」するとともに「その自立を助長する」ことがこの法律の目的であるとしている。

したがって、憲法にもとづく生存権は、生活保護法

緊急支払いを行ったのだった。

　生活に困っていることを調べるためにケースワーカーが訪問する。しかし、金があることは証明できるが、ないことを証明することはできない。だから生活に困っていることを認識するために私たちが訪問するのである。その人がいる場所、吸っている空気の中に、私たちに訴えているものがある。

　もっとも、訪問にはさらに多くの意味がある。

　その人の自立を援助するという本来の目的だけではなく、適正な実施の確保という視点から生活の様子を調査するという目的も含まれているだろう。

ただ、私はそのときの訪問の目的がどうあれ、その場に身を置くことでケースワーカーの感性が磨かれていくように思っている。

　私が忘れられないことは、火葬場で、亡くなった人を見送ったことである。なぜか忘れてしまったが、たぶん鼻持ちならない気負いと、好奇心であったのだろう。私は「お別れです」という言葉を聞いて思わず自分の後ろに誰もいないことに気づき、手を合わせていた。住所不定で、田舎に電話しても誰も来なかった人であった。

　この世で、たまたま自分一人がこの人を見送っているのだとわかったとき感じた不思議な気持ちは、今でもこの仕事への思い、自分の信念を形づくる出来事のひとつである。


によって初めて具体的な法律上の権利として保障されることになると同時に、この制度が、生存権の具体的な実現に結びつくような方法で運営・実施されるべきことを宣言していると解することができる。

　つまり、生存権という理念は、生活保護法によって初めて、申請にもとづく個人の具体的な金額の扶助費請求権となる。また、一方で生活の維持は自己の責任と努力によることを前提としつつも、制度の目的のひとつである「自立の助長」を、単に「保護の打切り」と思い込んでしまうと、憲法第二十五条の趣旨と離れてしまうということでもある。また、生存権は、基本的人権であり、その具体的

005 ケースワーカーとは、事実を認定する者のことである

ケースワーカーとは、制度を適用する人であるとともに「ケースワーク（社会福祉援助）」を行う人でもあるとも述べた。

しかし、どちらがより重要なことで、あるいは両者がどういう関係性にあるのかはまだ述べていない。

私はそのことがそれほど重要なこととは考えていない。肝心なことは私というケースワーカーがいて、どのように現実の仕事を進めていくべきなのかということである。こういう考え方をしないと自分をケースワークしていることにならない。

それでは、生活保護制度を適用することを前提にした場合、私たちにとって最も重要な役割は何であろう。

それは、相手方の置かれた状況を正しく判断すること、つまり人がどう生活しているのかという事実を認定することである。

生活保護法は、国は生活に困窮するすべての国民に必要な保護を行い、健康で文化的な最低限度の生活を保障するとし、その保護は個人が資産や能力、扶養義務関係や他の法律にもとづく扶助など利用可能なものをすべて活用することを要件とし、その不足を補う形で必要な実現を図ることが私たちの仕事であるという理解のもとに、持ち込まれる依頼への対応がなされなければならない。

こういう基本認識は、難しい仕事に忙殺される現場ではほとんど顧みられることがなくなったが、いかなる現実があろうとも基本をふまえずにビジネス社会を勝ち残り、したたかに現場を生き抜くことはできない。

9 扶養義務者
民法にもとづき、夫婦及び直系血族・兄弟姉妹間（絶対的扶養義務）、あるいは三親等内の親族のうち家庭裁判所が定めた者との間（相対的扶養義務）において互いに経済的給付など生活保障の義務を負うとされるが、

件として行われることとされている。

生活に困窮するとはどのような場合であり、能力などの活用可能なものを活用しているかどうかの判断はどのようになされるのか。

また、保護の実施についても、例えば世帯を単位とするなどの原則が定められ、しかし一方でこの制度における原理・原則は、すべて個人の急迫した事由のある場合に、必要な保護の先行実施を妨げないとも規定している。

したがって、そのような中で事実とは、人の生活のあり様である。生活に困窮している（世帯の収入が生活保護基準以下である）とか、資産や能力・扶養義務者の扶養や他の制度の活用によっても、その状況を脱することができないとか、申請した人たちの世帯がどうなっているのか、資産があるけれども実際には急迫した状況にあるとか、そういう実に複雑なことを認定することである。

「たしかに、この人は生活に行き詰まって、頼るべき人もなく、利用できる制度も今のところない」、申請があって、そういう事実を行政処分[※10]として認定すれば、生活保護法により具体的な保護受給権が発生するのである。あるいは世帯の認定の結果次第で保護が適用されたり却下されたりするのである。

私たちが、現場に行って「なるほど、ふむふむ」と思うことは、そういう大変重要な法的な判断なのである。

つまりケースワーカーには、自由な裁量権の下に保護の決定権が付与されているのではないことに注意しなければならない。私たちが事実の認定という法的役

この関係にある相手方が扶養義務者である。夫婦間及び未成熟子に対する親の義務（生活保持義務）と、それ以外（生活扶助義務）の義務に分かれる。

生活保護法においては、民法に定める扶養義務者の扶養はこの法律による保護に優先して行われるものとされている。昭和二十一年の生活保護法（旧法）までは、扶養義務者の存在そのものが、保護受給資格の欠格を意味したが、今日では、扶養義務者の扶養は保護に優先すべきもので、何らかの事情でそれが実現されない場合は、その限度において保護が適用される。
▼関連項目 030、055〜057など

割を行使する結果として保護の決定があるということである。たまたま、事実認定の仕方によって現実に裁量権を行使しているのと同様の効果を持つことになるわけである。

例えば、働けない人は保護を受けることができるだろうか、当然イエスである。それなら働かない人はどうだろう。この判断の違いが受給資格を左右することになるのである。

ケースワーカーがこの人は働けないと思うのと、働けるのにとるべき行動をとらず努力をしないと思うのとでは、その後の処遇は全く異なってしまう。

母子世帯の子どもが就職し、結果として世帯の収入が基準を上回ったとしたら、弟や妹にその収入がいきわたるかどうかは別として保護は廃止とならざるを得ない。

あるいは新規の申請において、今まさにこの人は急迫した状況にあるのか、ないのか、その認定いかんで保護が実施され、あるいは却下される事態も起きるだろう。

受給する側から見るとまさに生殺与奪の権を持たれていることになる。私たちにとっても大変な何とも重い責任である。

10　行政処分

行政庁が法にもとづき、優越した意思の発動または公権力の行使として、国民に対して具体的事実に関して法律上の決定を行うことで、講学上は行政行為と呼ばれる。

その特色として、①法適合性、②公定力、③執行力、④不可争力、⑤不可変更力などの効力を有し、行政処分に対する不服の訴訟は行政事件訴訟法の抗告訴訟として特殊の規律を受ける。

生活保護法においては、福祉事務所長は法にもとづき、ある世帯が生活に困窮しているかどうかという事実（つまり保護決定か却下か）を、申請という行為はあるにせよ一方的に認定（決定）し、これについ

006 ケースワーカーとは、調査員のことである

事実を認定するためには、どうすればよいのであろうか。

特にその事実とは人がどう生活しているのかという状況に関わることである。そうするとその答えは、すでにいくつか述べた。

それは、本人に会うこと、その場に身を置くことである。ケースワーカーはまた、優秀な調査員でなければならない。

例えば、長期入院している統合失調症の患者さんにとって、そのまま入院が続いていくという事実は変わることがないだろうか。その人の病状調査に出かけて行って本人に会ったことがきっかけで、退院に結びつくこともある。郊外の精神病院に長い間入院していたその人は、更生施設の入所を経てアパート生活を始め、今は昼の弁当を買いにいったコンビニでときどきすれ違うようになった。

あるいは、簡易宿泊所から意識不明の人が救急車で運ばれたら、その人の昨日までの部屋の片付けに立ち会って、ボロボロになったバッグの底から、古びた手帳などを探すといい。その人の身元を割り出すことができたら、長い間会っていなかった兄弟や友人がひょっとして見舞いにきてくれるかもしれない。

もちろん、調査とは必ずしも個々の被保護者の利益になることばかりを調べる

ては福祉事務所長が変更決定するほか、明らかに無効である場合以外は、何人もその効力を争うことができない。また、一定期間内に申請人において不服申立てを行いその決定後でなければ訴訟を提起することができない。

つまり決定の仕組みは、一方的で権力的な構造になっているわけである。

11 **法律で認められた調査権・行政機関としての権限**

生活保護法では、保護の決定または実施に必要があるときに資産や収入の状況について、官公署に調査を嘱託し、金融機関などの関係機関または関係人に報告を求めることが認められている（第二十九条）。対象者

ものではない。むしろ保護の受給要件に関する調査の優先度が高く、重要でもある。

ある父子世帯のお父さんは、町工場で働いていると真面目に収入申告をしていたのだが、収入・就労先が事実と全く異なっていたばかりでなく、別の仕事や住所を持っていたのだった。福祉事務所の認定していたアパートは、ひび割れた表札やペンキの剥げた郵便受けもあったけれど、すべて偽装であった。

申請者の資産状況や、世帯構成等の状況が申告された内容と相違することもある。こういうことに関しても、ケースワーカーは独自の勘と技術を磨かなければならない。

しかしそういう例外的なケースから全体を疑うことになってはならない。また調査の方法には自ずと限界がありプライバシーを侵害することは許されない。

人手は自分だけで機動力もない。だからできることをできる範囲でやればいい、結果的に不十分でも仕方がないということだ。

ただし、私たちには法律で認められた調査権をはじめとする行政機関としての権限[※11]があり、また私たちの所属する機関には、通常一般に知ることのできない情報が集中している。

また、調査の出発点は人であること、つまり面接に始まるのであって、どこかに基本的な人間関係と無縁に、調査すべき事実が隠されているといったものではないのである。

は要保護者、その扶養義務者（二〇一三年の法改正で「被保護者であった者」が追加）についてであり、調査の相手方は、それらの雇い主や関係者にまで及ぶ。この規定は、福祉事務所が保護の決定・実施のために、資産収入に限って必要な情報を集めてよいとするものであるが、相手方に報告の義務があるとするものではない。

そこで、関係機関などに対して報告を求めるときは、その依頼が法にもとづく正当なものであることを文書で明示し、特に官公署以外の場合、調査される本人の同意書を添付することになる。報告を求められる機関にも、法令や契約等にもとづく守秘義務があるからである。

私たちが、今後調査ということに関してどのくらいのノウハウを持つことができるか。これも、本書の課題のひとつである。

007 ケースワーカーとは、自己決定を助ける者のことである

生活保護の担当者が、ケースワーカーと呼ばれるのは、保護の受給者に対して社会福祉援助を行うからである。逆に言うと生活保護を受給する人たちというのは、なんらかの意味で社会福祉援助を必要としている人たちということになっている。

もっとも、保護基準以下の年金額を受けている国民年金の受給者と基準を上回る公務員の共済年金受給者との間にどんな本質的違いがあるのかという問題もある。

それはともかく、私たちがケースワーカーとして、援助を必要としている人にかかわる場合、どんな視点を持つべきであろうか。

このことについて私が最も重要だと思うことは、自己決定ということである。

何人も社会福祉援助の名を借りて、本人の意思を無視するようなことをしてはならない。その根拠たる生活保護法が、憲法の保障する基本的人権としての生存権を実現するものだからである。

報告を求めることのできる相手方に制限はないが、雇い主などの「関係人」に報告を求める過程で、要保護者のプライバシーが流出することがあってはならず、逆にいえば、ケースワーカーたるもの、常に地方公務員としての守秘義務（地方公務員法第三十四条）を意識しながら、調査を行う必要がある。

そのほか、福祉事務所は法第二十二条にもとづく「民生委員の協力」を通して、あるいは保護の実施機関は同時に他の行政事務の実施機関でもあることから必要な調査を行いやすい地位にたっている。

そのことに関連して言えば、実施要領は、「保護の決定実施上必要があるとき

しかし、言うは易く行うは難し。

「そんな体でどうやって一人で生活できるというんだ。もう病院に入るしかないんだから」と言って、障害者に勝手に入院の話を進めていたことはなかっただろうか。[※12]

ある知的障害の青年には、勝手に障害基礎年金の手続きを進めたり、離れて暮らしている家族との同居を勧めてはいなかっただろうか。

一体なぜそこまで先回りする必要があるのか。勝手にやってはならないのである。

しかし、「そんなこと言うけど、周りから文句言われるのは私たちケースワーカーなんだから！」と、抗議の声も聞こえてきそうである。

それでも私は思う。行き場のない人たちに、そう簡単に、一生いられる老人病院や山奥の施設を強制割り当てしていいのだろうか。福祉事務所が器用に仕事をすればするほど、世の中にある福祉のニーズを見えなくしてしまう。

本人が、なにかしようと決めたことを、あとから手助けする、それを私たちの仕事とすることでよいのだと思う。

取り壊しになるアパートの家主が、三〇年前から住んでいる障害者の立退きの問題で、直接福祉事務所に話にきたとしても、本人の頭越しに施設や老人ホームの話などしてはならない。

そういう場合まず、「大家さん、ご本人にはもうお話しになったんでしょうね」と言わなければならない。


は、社会保険事務所、職業安定所、事業主、保健所、指定医療機関等の関係機関について、必要事項を調査すること」（局長通達第一〇）と定めている。

しかし、どこへ何でも聞けるわけではないことはもちろん、事業主などへの調査は本人からの申告内容に疑義がある場合などの例外を除いて行うべきではない。

法第二十九条は、要保護者が保護受給する場合に、その事実を関係者に知られることを当然に予定した規定と解してはならない。また、要保護者のプライバシーが関係者以外の第三者に流出したために、本人から何らかの争いが提起された場合、責任の所在は、実施要領でも上級機関でもなつまり、自分のやることが何なのか、本人が理解した後でケースワーカーに依頼や相談がきて初めて動きだすようにしなければならない。そうしないと、本人の意欲をつぶすことになるだけでなく、本人の人生の責任を私たちが受け持つことになる。そんな傲慢で、無責任なことがあろうか。

そういう仕事のやり方をすることで、「ケース」も大家さんも、なんでも私たちがやってくれるものと思い込んでしまい、限りなく仕事の量も増えていくのである。

008 ケースワーカーとは、話をまとめる者のことである

ケースワーカーの仕事は、制度を適用することであるとすでに述べた。制度を適用するとは、生活保護の決定をすることで、決定をすれば扶助費は銀行に振り込まれることになる。

しかし、例えば住宅扶助として支給されているアパートの家賃が家主に支払われていない場合どんなことになるのであろう。

統合失調症でクリニックに通院しながら、クッキーを作っている共同作業所に通う鈴木さん（男性・三十五歳）は、半年以上も家賃を溜めてしまった。家主は彼が生活保護を受けていることを知っていて、福祉事務所に文句を言ってきた。

く、福祉事務所にある。調査を慎重に行うべき理由のひとつである。

▼**生活保護法第二十九条**

保護の実施機関及び福祉事務所長は、保護の決定又は実施のために必要があるときは、要保護者又はその扶養義務者の資産及び収入の状況につき、官公署に調査を嘱託し、又は銀行、信託会社、要保護者若しくはその扶養義務者の雇主その他の関係人に、報告を求めることができる。（法改正で一部変更あり。）

12 **入院**をするのは病気の人で、障害者がするのは施設「入所」なのに、どうして「入院?」と思われるはずである。

しかし、老人ホームや障

「だいたい生活保護費は私たちの税金なんだから、もっとしっかり監督してくれなくては！　これからはあなたが、毎月家賃を持ってくるか、私の口座に振り込むかしてほしい」などと言う。

こんな場合どうすればいいのだろうか。

結論からいうと、話をつけるしかないのである。その話のつけ方はあなた次第である。

例えば、「そういうことは、当事者間のことなんだから、そちらでやっていただいて、うちの福祉事務所では、そういうことは一切タッチしていません。それより連帯保証人とか不動産業者には、連絡取られたんですか」などと、冷たく突き放すこともひとつの選択肢ではある。これで話がつけば、それもよいことであろう。あるいは、話のわかりそうな扶養義務者を呼び出して仲介を依頼できたらそれもいい。

しかし、だいたい、この程度のことで話が決着することは稀であろう。

私なら、本人を呼んで事実を確認し、銀行口座への支払いを事務所払いに切り替えて、生活保護費の支払いに立ち会い、一緒に出かけて、家主との間に入り、それなりの数字で話をまとめることもできる。もちろん、こういうときでも、本人が納得し、ケースワーカーは本人を代理しているのだということを周囲の当事者に説明しつつ話を進めるという原則を意識する必要がある。

入院依頼によって入院した患者が院内でトラブルを起こしたので来てほしいと、

害者施設には何年もの入所待機期間があり、それでも入れる人は運のいい人。どこにも行き場のない障害者が福祉事務所の紹介で病院に入り、何年もの間ベッドの上で生活を続けているのは、一般の人が知らないこの国の現実、我々の常識である。

医療ソーシャルワーカーからの電話が入れば、とにかくその病院に行かなければならない。介入の結果はともかく、あなたがそこに行くことで、ケースワーカーの仕事はまとまりつつ進行していくのである。

年金が出るようになって、保護を打切りにしただけで仕事が終わったと思ってはならない。入院中の老人の国民健康保険の手続きを誰がやるのかを見届けなければならない。

とにかく、ケースワーカーは話をまとめなければならない。

一体どうして、そんなことまでしなければならないのか。

もちろん、本人が話をまとめられることが最上の策であろう。しかし、ケースワーカーの仕事とはケースワーカーである私の一方通行的な行為ではなく、相手があっての言わば双方行為であって、私の守備範囲はこれだけだと言えないところが厄介なところである。つまり、相手の状況によって手の出し方を変化させるべきものなのである。

しかし、そんなことができるのだろうか。そう、場合によってはできないことはできないと言うこと、それも立派な話のまとめ方である。

もちろん、何でもケースワーカーが代行すべきだと言っているわけではない。国保のことは、国保の職員が出てきてやればいいし、病院の職員だってそういうサービスをしていいと思っている。私は話をつけろと言っているだけである。

009 ケースワーカーとは、ビジネスマンのことである

ここまで読み進んだ人は、ケースワーカーがお代官でも考古学者でもないことに気づかれたことと思う。要するに偉くも何ともないし、やっていることは研究ではなく、時間に制約があり相手がある実務だということだ。

念のために言うとボランティアでもない。つまりケースワーカーとは実社会、つまりビジネス社会の中で仕事をする者のことである。

社会福祉の仕事なのだから、何か普通の仕事とは違うのじゃないか、特別の扱いをしてもらってもいい、などという気持ちがあったらとんでもないことだ。例えば時間を守れなかったらビジネスマンとは言えないと思う。会議や研究会のときに、定刻に遅れるケースワーカーであってはならない。こういう甘えのなかにいて、どうして実社会に通用する仕事ができるだろうかといつも思う。

そう、ビジネスマンとは、意識するしないにかかわらず、とった行動の結果については自ら責任をとる者のことである。個人が仕事をすることで、それぞれ固有の結果を生みだす人のことでもある。

だから、自らがマネジメントできることについてはすべて自ら責任を持つことにしよう。

例えば、ケースワーカーになったら服装を意識しなければならない。心のあり様が服装にあらわれ、私たちも自分の出会う人の姿形から、その人の内面に対する想像をかきたてている。

人事異動で他の職場に移った同僚は、会うたびに、福祉事務所にいたときとは明らかに違うスーツ姿できめている。多少職場の環境条件を差し引いたとしても、今まで福祉事務所をどう思っていたのかよくわかる。

納税課の収納窓口の友人はいつもネクタイをして仕事をしている。相手によく思われたほうが仕事に有利になると思えば、そのように自分を演出しなければならない。どう思われても関係ないという仕事であれば、どんな格好をしてもよいだろう。

名刺は持たない主義だという人に出会うことがある。ほとんど公務員である。その「主義」を評価する必要もないが、名前を覚えてもらおうと思ったり、何かのときに連絡をもらう必要があれば、これほど便利なビジネスツールはないだろうと思う。

自分を演出する項目にこだわろう。

ケースワーカーたるもの、ビジネス社会の礼を失ってはならない。

○所内では胸にネームプレートを付けよう

○言葉遣いに気をつけなければならない

○関係者に会いにいくときはアポイントメントをとり

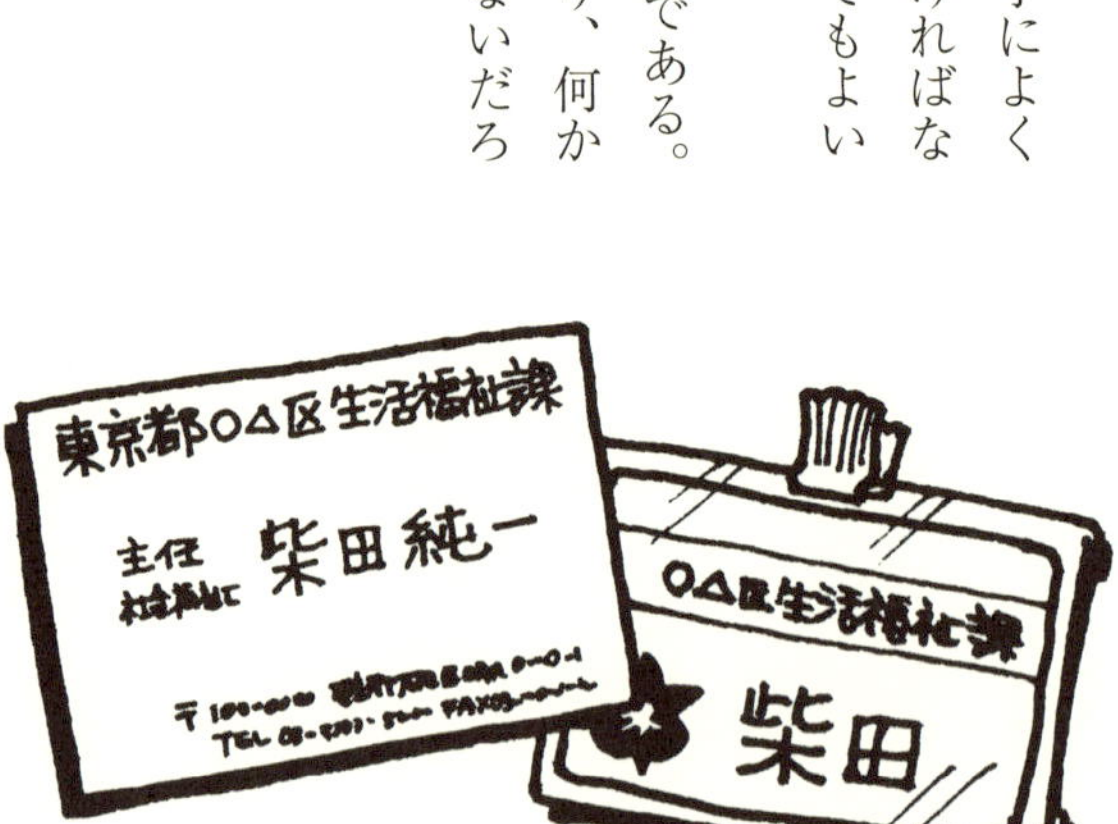

○約束の時間を守らなければならない
○相手の名刺は両手で受け取らなければならない
○お客さまを大切にしなければならない
○月曜の午前に休みを取ってはならない
○無駄な動きをしてはならない

010
ケースワーカーとは、人の生活を支える者のことである

さて結局ケースワーカーとは、ケースワークなどの技術を使って社会福祉の制度を適用するプロフェッショナルのことである。

この章はそうなるための基本的な心構え・考え方について私の考えを提案してきたが、最後にもうひとつ付けくわえようと思う。

それは、ケースワーカーが人の生活を支える職業であるということである。ここで人の生活とは法的に言えば「健康で文化的な最低限度」の生活であり、それが社会保障受給権という基本的人権であるということになる。しかしいくら高い理念にもとづく制度であったとしても、運用の仕方によっては制度の趣旨を否定してしまうような場合も起こる。

そこでそういうことをもっと具体的に、例えば自分がしている仕事は人の命に

関わっているのだ、などと意識しておく必要がある。

自動車を持っている人に「あなたは資産の活用[※13]としてそれを売らなければ法の要件に該当しません」といって保護の実施をしないような場合、それならこの人はこれからどうやって生きていけばいいのかというところまで考えて、道を付ける必要があるということである。

つまり相手が納得して、別の制度を使って生活できるように情報提供するとか、車を売って保護を受けても、別の手段で医者に通えて、買物ができ、あるいは何か在宅サービスなども使えるように援助するということだ。

役所が制度を運用する場合、とかく法令・通達に該当しないから制度を適用できない、制度に該当しないのだから自分の仕事ではない、関係ないとして切り捨ててしまう傾向がある。

法の規定を離れてケースワーカーという職業があるわけではないが、むしろ生活保護法であるからこそ、法の要件だけ考えたら人が死ぬこともあることを意識しなければならない。

次に、人の生活を支えるというときの対象として、人をどうとらえればいいのであろうか。

それは、その人の足元を見ろということにつきるのである。つまり、その人の基礎的なニーズを見るということである。人の生活ということで言えば、アメリカの心理学者A・H・マズローの階層発達説に説かれているようにそのニーズ

13 資産の活用

資産とは財産のことである。財産には現金や預金はもちろん貴金属、不動産、その他日常生活に使われているものすべてが含まれる。資産を活用するとは、それらの財産をまず活用した後に、なお生活に困窮する場合に、初めて保護を受給することができるとする考え方である。財産が物であるときは、これを売って生活費に換えなければならないことを意味する。

法第四条は、保護を受けるための要件として、資産や能力の活用、扶養義務者による扶養及び他の法律による給付を優先させることなどを「保護の補足性」として規定しているが、財産のある人が、保護の要件を

が階層構造になっているということである。[※14]

また生活の基礎的ニーズの充足がなくて、どうしてニーズの多様化があるのかということでもある。[※15]

だから人に関わったら、その人の今の具合はどうなのか、自分でトイレにいけているのか、食事はどうしているのか、そういう基本的なところを知らずに人を援助することはできない。

今熱が出て苦しいと言っている人に、あなたはアル中だからアルコール依存症専門のクリニックに行かなければ保護費を出さない、などというのは社会福祉援助の基本を欠いているということになる。

あるいは住所不定の人に住むところを提供する手立てがなくて、その上に何の援助を展開できようか。

人たるに値する生活とは、生活に必要な基礎的ニーズを充足する上に築かれるものである。

生活保護法はそのことを実現するための法でもある。

満たさないことは法律を読まなくてもわかることである。

しかし、一体いくらのお金があったり、どんな物を持っていたら、「資産の活用」の対象となるのかは法律には規定がなく「実施要領」といわれる通達（行政命令）集に委ねられているのである。▼042参照

14 『社会福祉援助技術総論』社会福祉士養成講座八、三九頁、中央法規出版、一九九三年

15 拙稿「今地域に生存する権利はどうなっているのか」『福祉展望』No.15、八二頁、東京都社会福祉協議会、一九九三年

第Ⅱ章

プロケースワーカーの正しいやり方

この仕事の意味と心構えについて
何となく全体像をつかんだ後は、
実際にケースワーカーの仕事の大海に
漕ぎだしてみよう。

011 とにかくあわてることはない

初めにどんな態度をとればよいのか。とにかくあわてず、堂々とすることである。面接にしても、訪問調査にしても、小さな声で、おどおどした態度では相手方に不安を抱かせてしまう。特に相手がこちらに対して不信の念を抱いているときは、その気持ちに確信を与えることになってしまうのである。

自分のとっている態度が、あるいは方法がそれでいいのかどうか、自信が持てないときも、何だかよくわからないときも、とにかく堂々とすることである。背筋を伸ばし、声は大きく言葉をはっきり、例えば電話はまっすぐ立ってかけるとよい。腹式呼吸をしながら、目をしっかりと見据えること。特に姿勢が悪いと心も弱くなり、相手にもその心を読まれてしまう。

あわてず堂々としたら、初めにどんな言葉を言えばよいのか。自分はその人に会うのが初めてだとしても、病気の人が大部分の福祉事務所の利用者に対して「具合はいかがですか」と聞くことが大切である。どんなにすぐ聞きたいことがあっても、まず相手の今の体の状態に気を配ってその答えを聞いてからで遅くない。

「お早うございます。いかがですか具合は？」こういうふうに話を始めればよい。

これは、単に相手を落ち着かせるテクニックではない。具合が悪かったら大変なことで、その問題を解決せずに話を先に進められないからである。

012 面接とは人の話を聞くことである

ケースワーカーとは、まず話を聞く人のことである。その人の話したいことから聞くことにしよう。

（CW）「こんにちは」

（お客さん）「あのー」

（CW）「はい、どんなご相談でしょうか」と言って始めてみよう。

面接員[※16]であれ、地区担当員であれ、そのとき聞かなければならないと思っていることを先に済ませてしまおうと思って、つい相手の話をさえぎって、住民登録地は？　家族構成は？　仕事は？　収入は？　などと先を急いではならない。

初めてやってきた人は緊張していて何から話していいかわからない上に、果たして自分がここ（福祉事務所）に来てよかったのか、という不安を抱えている。次から次へと詰問調の質問を出されては、言いたいことが言えなくなってしまう。

ここで、とにかく話を聞くことにしないと、この後友好的な関係をつくること

16 面接員

福祉事務所に、初めて訪れた人の相談を受け、各種制度の説明を行い、申請の受け付けを担当する職員で、面接相談員と呼ばれる。

制度に関する情報を持たず、生活上の困難を抱え、不安な思いの中で相談に訪れる人から、的確にその訴えや状況を把握して各担当者へ引き継ぐ。

制度利用の導入部分を担当し、福祉事務所の担当する制度に結びつかない場合でも、他の社会資源の紹介、他機関への引継ぎなどを行う必要がある。

福祉事務所の設置及び組織・所員については、社会福祉事業法（現・社会福祉法）に規定があるが、面接相談員なる職員の配置までは言

ができなくなる。何を聞くのかというと、その人が最も話したいことを聞くのである。

例えば福祉事務所の制度で対応できなくなりそうな人ほど慎重に話を聞いて、相手の感情を受けとめるようにしなければならない。

初めから共感できるわけがない、それでいい。ただし、一生懸命聞こうと思っている、まじめな気持ちは相手に伝わっていくものである。

013 初めに自己紹介すること、やさしい言葉を使うこと

知らない人と話をするときに、まず自己紹介するのが礼儀である。しかし、初めて会って、自分は「○○福祉事務所の柴田だ」、と言うだけでは、一般の人は、全くといっていいほど、この人がどういう人かということがわからない。過剰な期待をされていたり、その逆に肝心なことを何も報告してくれていなかったり、後で悩むことになる。

一度に言うことでもないが、そもそも生活保護担当というのは、どういうことができて、何ができないのか、常にそのときどきの会話のなかに折り込ませながら説明し、確認し合っていかなければならない。

こういう意識を持ち続けることも、自己紹介の内容に含まれる。

及されていない。その根拠は、直接的には、各自治体の組織条例であるが、厚生省社会局長、児童家庭局長連名通知「福祉事務所における五法の実施体制の整備について」(昭和四十五年四月九日、社庶第七四号)の中で、面接員の配置を含む標準組織図が示されている。

次に、知っている人でも、こちらから突然、家庭訪問[※17]したり、病院を訪ねた場合などには、その意図を先に言うべきであろう。

「こんにちは、先日生活保護の申し込みをなさいましたので、実際にお宅の様子を拝見し、お困りの事情についてさらに詳しいお話をうかがうために来ました」。「こんにちは、特別な用事はないのですが、私たちは三カ月に一度家庭訪問というのをすることになっていまして、お変わりないかどうかうかがうためにやってきました」などと言えばよいと思う。

「その筋のものだ、聞かれたことに答えればいい」というのでは、相手を傷つけるだけでなく、相手の協力を得られないので面接の意味がなく、こちらも損をするだけである。

我々はお代官でも、秘密警察でもないのである。

次に、話をするときは、やさしい言葉を使うべきである。やさしいというのは、実施要領丸出しの言葉を避けるのはもちろん、難しくないというだけでなく、例えば高齢者の耳に馴染んでいくような言葉を選ぶということである。ここでまちがってもタメ口をきいてはならない。

新規申請した入院患者の、電話での問い合わせに「シンセイビイツですか」ではわからない。「申し込まれたのは、何日ですか」と言うべきである。「リョウシュウショテンプして」というのは、「受け取りを、一緒に持ってきてください」と言ったほうがわかりやすい。

17　家庭訪問

ケースワーカーの仕事は「訪問に始まる」と言ってもよい。実際に家庭やその人の居所を訪問して調査をすることが、保護の実施に必要な事実を把握するために最も効果的な方法であると考えられているからである。

しかし、そのために、訪問はケースワーカーにとって、方法であるにとどまらずノルマともなっている。

実施要領は、「要保護者の自立を助長するための指導を行い、生活状況等を把握する目的をもって、要保護者を定期に又は随時に訪問すること」（局長通達第一〇-一）とし、また各世帯へ概ね年四回（入院入所者については年一回）以上

014 受容とは、相手の言いなりになることではない

面接室で大きな声を出したり、あたかも自分が暴力団とつながりがあるような言葉遣いや態度をとって職員を威圧するような場合、あるいは、明らかに酒気をおびて相談にやってきた人に対してどんな対応をすべきなのだろうか。

受容の原則は、社会福祉援助の過程において援助者が持つべき基本的態度とされている。援助者が、相手の感情や態度、行動を道徳的批判などを加えずに、あるがままに受け入れることによって、被援助者は固い自己防衛から抜け出ることが可能になり、自己を自由に表現することが可能となる、とされている。[※18]

そこで、社会福祉援助技術が語られる研修の場や、参考図書のなかでは、この「受容」という言葉が繰り返されることになる。

しかし、このことは実際の社会福祉の機関において、こういう考え方を全面的に通用させていいということにはならない。他の利用者を不安な思いにさせたり、職員を威圧しながら制度を利用するということは認められないからである。福祉事務所は教会ではなく、我々も神父や牧師ではないのである。

冒頭述べたような人たちの場合、例えば、「そういう言葉遣いや態度では相談にのれませんよ。大きな声を出さなくても、私はさっきからあなたの話を聞いて

の定期訪問を義務づけ、保護変更時、就労指導時など目的ごとに必要な場合の臨時訪問を定めている。

18 『社会福祉援助技術各論Ⅰ』社会福祉士養成講座九、八一頁

いますよ」と言うべきである。本当のことをはっきりと言える強さがなくては、その人たちも張合いがないであろう。

したがって、そんな当たり前のことを言うときに、手に持った鉛筆がぶるぶる震えていたり、声が上ずっていたのでは意味がない。相手のペースを外しながら、堂々と言うべきことを言って、それでも表情を変えずに面接室に招き入れて本題に入る、という態度がいわば「受容」的なのである。

感情をぶつけた相手にしてみれば、芯の強そうな、頼りがいのある人が真面目に受けとめてくれたという感情がわくからこそ、それまでの態度を改め、本当のことを話そうと思うのである。

援助者の側からいうと、それが「受容」するということでいいと思う。だから、常識的に考えて言うべきことをはっきり伝える強さがないと「受容」はできないということになる。

もっとも、大きな声を出したり、粗暴な振る舞いをすることが病気の症状であるときや、統合失調症の患者さんが妄想の内容を話してくれたようなとき、どのように対応していくことがいいのか。多くの事例を経験しながら、研究していかなければならない。

また、明らかに制度の利用が目的でない人（例えば受給者への貸金の取立てにきた業者など）に対しては、「受容」がどうのという援助の技術とは全く別の課題として日頃から対応を考えておくとよい。

015 心は目に表れる　面接の前に鏡を見る

……立っている人は座らせてから話をする。腕を組んで話をするな

保育園の入所事務も担当していたときのことである。ある外国人のお母さんが、面接室にきて泣いた。せっかく保育園に入れてもらったのに、朝園に行くのがつらい、馬鹿にされている、差別されていると言う。日本語のよくできる人であった。私は、どういうことを言われたり、されたりするのですかと尋ねた。

ある保母の目だというのだった。目が差別している。「おはよう」という言葉の言い方が、馬鹿にしているというのだった。聞いてなるほどと思った。なにも特別な言葉も使わず、同じ対応をしていても、いくらでも人をやっつけることができる。

こんな奴と思えば、その心は目に表れている。当たり前のことではないか。こんな話は受け入れたくない、その手には乗らないぞ、俺は偉いんだと思えば、自然に腕が組まれている。

一秒でも早く帰ってほしいと思えば、椅子を勧めることもないだろう。問題がこじれたときに、初めに椅子を勧められていた人と、ずっと立たされたままの人と、どちらが怒りだす確率が高いだろう。

自分の顔は今どんな心を映しているのか、鏡を見ることにしよう。

016 yes・noを言わせない。noで答えるな

……追い詰めてはならない。相手のために逃げ道をつくれ

「息子さんからは、援助を受けられないんですね」「老人ホームに入りたいですか」

こんな質問の仕方をすると、「はい」と「いいえ」しか答えが返ってこない。もう少しつっこんで聞こうと思うと、次の質問を考えなければならない。

「息子さんたちとは、どんな具合なんですか?」などと初めはもっとあいまいな質問でいい。yes・noで答える質問をしてはならない。

相手が「はぁ……、あのう……」などと、どう言っていいかわからないくらいでいいのである。

これで、相手は言いたいこと、感じていることを自由に表現することができる。

「今、一〇万円以上お持ちですよね、これだと保護受けられないですよ[※19]」。こんな言い方をすると、言われたほうは途方に暮れてしまう。

こういうときは例えば、「大丈夫ですよ、○○さんの場合、手持ち金が五万円くらいになったら、もう一度申込みしてください。あなたの世帯の保護基準額は

19 **保護開始時の手持ち金**
保護の申請時において、いくら持っていてもいいのか。実施要領によれば、その世帯について計算した最低生活費(保護の基準額)と認定した収入の対比により、保護の要否を決定することとされているのみで、

一〇万円で、半分まで持っていていいことになっていますから」と言えばいいのである。

両方とも、とりあえず今は保護決定できないという意思を伝えている。何事も、「だからｎｏ」なのでなく「こうならｙｅｓ」という言い方をするといい。

「本当のことを言ってくれないと、保護できませんよ」「うそを言って保護を受けると警察の問題になりますよ」。こんなことを、簡単に言ってはならない。

「奥さんも何か年金のようなものを受けていらっしゃいませんか。たぶんもう一つくらい通帳をお持ちなんじゃないでしょうか。こういうときは気も動転されているでしょうから、もう一度お宅に帰って捜してみていただきたいんです。もしありましたら、銀行で記帳してみていただきたいんです。皆さんうっかりして忘れていることがあるんですよ」

こう言えば、初め黙っていようと思った人も、「忘れていた」という逃げ道を先にこちらで用意してあるので、それではそうしてみようという気持ちになるのである。

人を追い詰めてはならない。自分も苦しむからである。

手持ち金の保有に関しては何も書かれていない。

東京都の運用によれば、保護が「要」とされた場合には、申請時所持金のうちその世帯の保護基準額の二分の一までは収入認定をしなくてよいものとされている。つまり、二〇万円の保護基準が計算される世帯では、一五万円持っていたら、一〇万円までは持っていてよい、つまり無いものとして、支給額を決められる（基準額二〇万円－収入五万円＝支給額一五万円）ということである。しかし、仮にこの人が二一万円持っていたら、この月保護には該当しない（お金は支給できない）ことになる。

したがって、こういう情報を持っている人といない

017 本を探せ、日々これ勉強。情報は日々更新せよ

自分が担当している人の病気が、どんなものなのか知らなければならない。結核とはどんな病気なのか、糖尿病の人の生活はどのようにすればいいのか。統合失調症というのは、どんな治療法があるのか。こういうことがわからずに、何をケースワークすることができようか。

医者でもないのに、そんなことを調べる必要がないと思われるだろうか。もし自分の家族が何かの病気になったとしたら、医者ではないからといって何も知ろうとしないだろうか。

とにかく、図書館に行くといい。自分の子どもがアトピー性皮膚炎の診断を受けた母親が食餌療法の本を探すように、医学の書架で、情報を収集しよう。

病気のことをいろいろ調べているうちに、何のためにどんなことがわかるべきなのか、少しずつ身につくようになる。

そう簡単に就労指導[※20]できないことに気がついたり、しかし、アメリカではガン患者も働いていることを知るだろう。

やくざ者のことで困っていたら、やはり図書館で情報収集することができる。そんな業界のことまで調べてどうするのだと思われるだろうか。面接室ですごん

人で大きな差が出る。

また、この取扱いは東京都のやり方であって、「二分の一」でなく「三分の二」でやっている県もある。

そもそも、いくら持っていてもよいといっても、本当にいくら持っているのか。申請者の心を傷つけず、「正しい」手持ち金の額を認定すること自体、難しい仕事である。

その後二〇〇〇年度から、「最低生活費の五割を超える額」を収入認定の対象とする旨実施要領に正式に規定された。

20 就労指導
要保護者が、自らの資産や能力、扶養義務者の扶養あるいは他法による給付など利用できるものをすべて

だり、電話で脅しをかけてくる人たちの言っていることがわかり、時にはその辻褄の合わないことに気づくのである。

仕入れた情報は更新しないと、日々鮮度が落ちていく。

情報収集の場は、図書館に限らない。新聞、テレビ、映画、業界誌、もちろん直接その道の専門家に聞くことである。

あるいはまた、隣接業界のソーシャルワーカー同士の交流を欠かすことはできない。熱心な業界人の集まる研究会・セミナーにはぜひ顔を出してみよう。

近くにそういうグループがなければ、自分で創るのも面白い。

018 本人の提供する情報から調査を開始する

ケースワーカーが調査員であるべきことについてはすでに述べた。私たちは、生活保護申請の要件にかかわる調査から、在宅サービス提供のアセスメントまで、その調査を的確に、短い時間に効率よく進めなければならない。しかも、プライバシーの保護や守秘義務などの制約がある。

これら、福祉事務所の行う調査は常に本人を出発点とすべきである。

その第一の理由は、本人のためになされる措置のために、その調査が行われるということにつきる。本人のためであるならば、当人が何を考え、どのような希

活用してもなお、生活に困窮する場合にのみ保護が適用されることを保護の補足性と呼んでいる。

この原理にもとづき、被保護者に稼働能力の活用を促すことが就労指導である。

実施要領は、「被保護者が傷病その他の理由により離職し、又は就職していなかった者が傷病の回復等により就労を可能とするに至ったとき」、「義務教育の修了又は傷病者の介護もしくは乳幼児の養育にあたることを要しなくなったため就労が可能となったとき」、「現に就労の機会を得ていながら、本人の稼働能力、同種の就労者の収入状況等からみて、十分な収入を得ているものとは認めがたいとき」などに助言、指

望を持っているのかが調査の出発点となるべきである。こういうことを、社会福祉援助の過程では自己決定の原理と呼んでいるが、私は、自分で自分のことを決めるのは人間として当然の権利だと思っている。

次に、調査は常に本人のプライバシーにかかわることなので、本人の提供する資料にもとづくことを原則とすべきである。関係機関に照会しなければわからないことは、本人の同意をえて、またできるだけ公的機関に限るべきである。

私たちにとっての調査というのは、本人の提出した資料によって、制度上の決定要件たる必要な状況認識ができればいいのであって、初めから不正受給の調査のように行うべきではないのである。

本人が、「銀行預金も生命保険の加入もありません、息子たちとは三〇年の間交流がなく、扶養を請求できない事情があり、こういうわけなのです……」などと言っているのなら、そうですかと言って、そういう調査記録を書き上げて、保護決定をすべきである。

しかし、調査はその後も行われ、本人の申立てに反する事実が出てきたら、再び本人に会って確かめ、決定を修正していけばいい。ただ、それだけのことであり、初めから完全な調査をしようと思うべきではない。

むしろ、新規申請を受け付けたら見切り発車をすべきである。一四日以内[※21]に申請の内容を調査・証明してからでなければ、決定できないなどと考えていたら、自分で自分の首を絞めているのである。そんなことできるわけがないから、相手

導を行うほか、必要に応じて、法第二十七条による指導・指示（従わない場合保護の廃止を含む利益変更につながる）を行うこととしている（局長通達第九-二）。

▼052、053、058、059参照

21 申請による保護の開始決定について

福祉事務所は、保護の申請を受け付けた場合、保護の要否、種類、程度及び方法を決定し、申請者に対してその決定には理由を記載し、書面により、申請のあった日から一四日以内に通知しなければならない。

ただし、扶養義務者の資産状況調査に日時を要する等特別な理由がある場合には、これを三〇日まで延ばすことができる。この場合

も困るし、私たちも困ってしまう。

まず、本人の言うことを信じることは、本来の責任を全うすることでもある。

しかし、本人の申告する給与収入に疑義がある場合にはどうすればいいだろうか。私が経験した例では、自ら給与明細書を過小に作成し会社の印を勝手に押して申告していたものがあった。

このような場合は、課税資料との照合をはじめ、本人の承諾のない調査が許されることになる。

しかし、このような場合でもどの程度まで、どのような調査方法が考えられるかというと、強制調査権もない中では担当者の勘と経験に頼るほかない。まして、すでに不正受給が発覚したわけではなく、明らかに疑義があるといえない場合にはどうしたらよいだろうか。

本人から自発的に申立てを引き出す方法、法第二十九条調査（▼注11）を駆使する方法、その他個人的、地域的人間関係を活用する方法など考えられるが、常に課題意識を持って調査を進めていれば、結果がうまくいかなくても個人の責任ではない。

しかし、申告内容の疑義が発見されるのも、本人からの情報を大切にする過程からである。

すべては本人からの情報に始まると思っていい。


にも、決定を通知する書面に理由を明示しなければならない。

保護の申請をしてから三〇日以内に、決定の通知がないとき、申請者は、福祉事務所が保護申請を却下したものとみなすことができる〔以上は、法第二十四条第一項～第四項（法改正により変更あり）による〕。

この一四日以内とは、申請を受理した日の翌日を起算点とし、通知が申請者に到達する日を含むものである。

また、却下したものとみなすことができるということは、申請者がそのことにより、行政不服審査法にもとづき、審査請求ができることを意味している。

019 初めに基礎的ニーズを把握する

さて、本人からの情報の重要性と、本人を信頼するべきことを述べたが、それ以外の情報が必要ないということではない。また、一体何を調査するのかといえば、人がどのように生活をしているのか、人がどう生きているのかという事実である。

公的機関の情報で活用できるものはすべて活用すべきである。住民登録、戸籍謄本などは必ず活用しておくこと。課税台帳も検索しておく必要がある。できることをしないで後で監査指摘を受け、受給者に不正受給の疑いをかける必要もないからである。

官公署をはじめ公的機関の場合は、調査をしたことによって、こちらが調査をしているという情報が流出することがないので大いに活用すべきである。

銀行などは別として、本人の就労先など民間の関係機関に照会した場合は、生活保護を申請したという、最も知られたくないことが漏れてしまう危険があるので注意しなければならない。

機関に照会しなくても有益な情報が得られるものに電話帳がある。ある地方都市出身の人について扶養義務者が知りたいときは、その名前を聞いてその都市の電話帳を開けばいいのである。

航空地図も必ず備えておくことにしよう。担当地区の自治会名簿も便利である。こういう、情報を得ることができる媒体をいろいろ自分で集めることである。

このほか調査の際に大切なことは、たいていの場合それが人を介して行われているということである。つまり、ある機関に何かを調べてもらうときに、その担当になった人にその気になってもらうことでより確かな情報を得ることができる。

身近で心強い民生委員[※22]からの情報も、ぜひ活用させてもらうよう日頃から友好関係を築いておく必要がある。

ただ調査といっても、何でもできるわけではない。アクセスできる情報が限られるうえに、その方法もきわめて限定されている。よく、監査などで生活実態が調査不十分などと指摘されるが当然のことである。生活保護の調査は警察の捜査とは質・量ともに違う。野鳥を双眼鏡で見ているようなわけにはいかないのだ。調査の基本は人に会うことと、足を使うことに尽きる。

例えば、私はサラ金に追いかけられているので住民票を動かせない、という人がいたら、その住民登録地を自分の足で確かめにいくような簡単なことで意外な事実を知ることもある。

また、調査といっても何も特別なことをするわけではない。探偵になるわけではないのである。手元の申請書や添付書類から、状況を理解するのである。想像力を働かせる必要がある。

22 民生委員

民生委員法にもとづき都道府県知事の推薦により厚生大臣の委嘱を受け、各市町村におかれる社会福祉増進のための民間奉仕者である。身分は特別職の地方公務員で、職務の内容は、地域の要保護世帯を調査し、保護指導すること、福祉事務所などへの協力機関としての活動などである。

旧生活保護法（一九四六年）においては実施機関の補助機関として、事実上保護の決定権を行使した。

現在では、都道府県社会福祉協議会が行っている生活福祉資金制度の重要な担い手であり、被保護世帯には法外援護の給付を届けるなどの業務を行っている。地域の実情に通じているほ

○公的機関の記録から電話帳まであらゆるものを活用する
○訪問調査は事務所にいるときから始まっている
○調査は野鳥の観察ではない・結果が不十分なこともある
もっとも、生活に困っている事実と言っても、何のための調査かという意味によって視点を変える必要もある。

例えば、保護要件にかかわる、金があるのかないのかという調査と、その人の生活をどう援助していけるのかという調査では全く目のつけどころを変えていかなければならない。

援助という視点からの調査であれば、その人がトイレをどうしているのか、食事をどうしているのか、風呂に入れているのかという基本的なところから把握をしていく必要があるということである。

これは人の欲求の階層構造としてよく知られたことであるが、要はその人にとって優先順位の高いところから把握し、それをふまえたうえでなければ援助が無効になるということである。

福祉事務所の調査が、結局援助のための調査ということに収束することを考えれば、調査とは、初めに一番困っていること、つまり基礎的ニーズを把握することと言ってよいものと思う。


か、この人たちの行政への意見は貴重である。（民生委員法は、その後二〇〇〇年に改正されている。）

020

書類を集めることが仕事ではない

よい仕事をするためには正しい書類の整理が必要になる。病気で通院しながら、保護を受給している人の担当になると、すぐ「検診命令書」を発行して、「稼働能力の有無」について主治医の診断書を求めるケースワーカーがけっこういると思う。

「現在のところ、稼働は不能」である旨の書類が届くと、安心して綴じ込み、もし「軽労働可」の診断が届くと、すぐ職安に「就労斡旋依頼書」を発行して、仕事がなかなか見つからないようだと、今度は職安から、その旨の書類をもらってくるよう「指導」することとなる。

書類さえ整っていれば、誰からも文句を言われることがないと思っているからである。

書類は仕事をするうえで、確かに重要なものである。しかし、書類を集めることが仕事だと思ってはならない。

ある監査官[※23]から言われたのは、すべての人から一年に一度は必ず無収入申告書を提出させておくように、ということだった。もう、無収入のため何年も受給中で、病気で手が震えて書けないという老人からも、自筆でその書類を取っておけ

23 監査（官）

事務監査と呼ばれ、法第二十三条にもとづき、厚生大臣は都道府県知事及び市町村長の行うこの法律の施行に関する事務について、都道府県知事は市町村長の行うこの法律の施行に関する事務について、その指定する官吏または吏員に、その監査を行わせなければならないとされている。

厚生労働省社会・援護局監査指導課に生活保護監査官がおかれ、各都道府県には福祉局指導部指導課などの名称の担当課がおかれている。

▼088、089、090参照

ば、後で何らかの収入があることが明らかになったとき不正受給として追及できるから、というのがその理由であった。

ケースワーカーにとって、こういう書類を持ってこなければ、保護できないなどという言い方も実に便利なもので、こう言うとたいていの人はあきらめてしまう。例えば、別れた夫からの扶養できないという証明などというのはその好例である。

ケースワーカーたるもの嘘を言ってはならない。何が必要なもので、何が不要な書類なのか。

何でも多ければよいと思ってはならない。不要な書類の束は、事実を見えなくし、仕事の効率をも落としてしまう。ケースファイルの中がごちゃごちゃになっていては仕事ができない。そういう人にかぎって、肝心の必要な書類が入っていないことが多い。

もし、担当替えやケースワーカーになって初めて新しい世帯を担当したとしたら、なぜ、何にもとづいてこの世帯の保護が決定され、あるいは変更や援助が行われてきたのか、時系列的に根拠となった挙証資料や病状に関する参考資料を綴りなおすとよいと思う。

正しい書類の管理も、技のひとつである。

021 福祉事務所とは事実の先行するところである

何事もただ一生懸命やっていればいいというものではない。上級庁への報告類や調査依頼の回答などは期限が決められていて、後回しになることは少ないが、肝心の世帯の処遇や調査・保護の変更などに関しては、日頃の忙しさの中で何を先に処理していいか、何年やっていても混乱してしまうことがある。

仕事には今すぐやっておかないと後で困る仕事があり、急ぐ仕事を片付けた後でやっても一向にかまわない仕事がある。また、一度にやろうとしても相手方の都合があってできない仕事もある。

お金を出す・止めるといった事務処理と郵便物を出すことは、ケース記録※24を書くという事務に優先する。あるいは新規申請のときは、すぐに戸籍を公用請求しておくべきである。また、他機関への文書照会も同様である。こうしておくと、訪問調査が済んで決定の記録を作成するときに参考資料が手元に届いているということになり、時間の節約になる。

次に、福祉事務所では所定の調査を始める前に、いきなり判断を余儀なくされることがある。

事務所に初めて相談にきた「住所不定」と思われる人が、急に具合が悪くなっ

24 ケース記録

世帯台帳は、保護実施の経過記録であると同時に、直接扶助費支出の根拠となる保護決定調書とともに、保護決定の決裁文書の綴りとしての機能を併せ持つ。

この世帯台帳を構成するのが、フェイスシート（住所、氏名等世帯の内容が記載された表紙）と申請時の面接記録表、開始記録・訪問や所内での面接の記録・毎月の変更決定の記録であり、開始記録から時系列で綴られた記録のすべてをケース記録と呼んでいる。

ケースワーカーは、訪問や面接を行い、あるいは何らかの変更決定をするたびにケース記録を作成することになる。

▼070参照

て救急車で運ばれていくときは、医療扶助（▼注4参照）を適用する前提でなければ受入れ先の病院が決まらないからである。あるいは一人暮らしの人が亡くなっている、身寄りがないようだからとりあえず棺桶を出してほしいと警察から連絡があったら、葬祭扶助※25を見切り発車するしかないだろう。

福祉事務所とは事実の先行するところでもある。急迫した状況において取った措置が、調査したところ当を得たものではなかったとしても、その措置は正しかったのである。

以上述べたことがすべて、逆に行われるとしたら、その被害ははかり知れないものとなる。

022 ケースワーカーの仕事は交通整理だ、流れていく道をつけること

ケースワーカーの仕事は、大きく二つに分けることができる。

一つは、生活保護法にもとづく保護の決定行為である。これは、例えば日々の収入申告や変更申請にもとづいて、各世帯の毎月の保護決定額を計算して通知したり、病院に医療券を送付するような事務のことである。それが事実認定の結果としての行政処分であるということもすでに述べた。

訪問調査も広い意味で、保護の継続という決定の事務に含まれると解してよい。

25 葬祭扶助

被保護者など、困窮のため最低限度の生活を維持できない人が、葬祭を行う場合に、検案、遺体の運搬、火葬その他葬祭に必要なものについて、基準の範囲内でその費用を支給するもので、生活保護法に規定された八種類の扶助のひとつである。

被保護者あるいは保護を受けていなかった人が亡くなって、その人の葬祭を行う扶養義務者がいないために、民生委員などの第三者が葬祭をしたときは、その葬祭をした人に対して葬祭扶助を行う（葬祭扶助費を支給する）ことができる。

したがって、被保護者であるか否かを問わず単身者が亡くなって、成人した子

他の一つは保護の事実行為とでも呼ぶべき仕事である。例えば、緊急保護した家族を女性センターに移送していくとか、精神障害者の人と生活費の使い方を巡って日々面接を続けていくことなどである。医療扶助を受けながら、長期入院になってしまった人の部屋の片付けも、そういう仕事になるだろう。

法律に具体的な規定のない事実上の援助であって、これをケースワークと呼ぶことも自由である。

　八〇を超える数のすべての世帯ごとに、このような二つの傾向の仕事を同時に進めていくことは、複雑な交差点で交通整理をするようなものである。

　まず、流れを見切ること。この人はどこへ行こうとしているのか。当然、自分の力で動いてもらわなければならない。自分のところで、その人の動きを止めないようにすること。勝手に発車できる車（保護の決定行為だけで足りる人）を先に通して流れをよくすること。

　全体を見ていないと、交差点が渋滞して誰も前に進むことができなくなってしまう。（事務所の近くの交差点に立つ警察官の動きに学んだこと。）

023 福祉六法に精通すること

生活保護法は、憲法第二十五条に規定された健康で文化的な最低限度の生活を

どもや兄弟たちがやってきた場合には、本来葬祭扶助を行うことは予定されていない。扶養義務者が葬祭を行うことは、扶養義務の内容であって、生活に困窮して葬祭を行うことができない場合にのみ、彼らの居住地の福祉事務所に葬祭扶助の申請を行うということになる。

　また、いずれの場合も単身者が亡くなって、その人の葬祭を行う扶養義務者がいない場合については、その遺留金を葬祭に充当し、足りない分だけの葬祭扶助を行うこととなる。

（法第十八条、第七十六条による）

具体化する法である。この法律は、社会の中で人たるに値する生存を実現するために、所得保障の機能と自立を助長する（社会福祉援助）機能を併せ持つものとされている。生活保護法による保護を受給する人々が、しばしば自立を損なわれた人々であることが多いからである。自立とは、その人なりに社会に参加するということである。そうすると、そのために社会福祉の他の制度が生活保護法とともに有機的に活用されなければならない。

　例えば病気で体に障害が残り、それまでの仕事を続けることができなくなって収入がなくなり、生活保護を受給するようになった人に、ただ生活保護を続けて適用しているだけでよいだろうか。ケースワーカーであるなら、まず身体障害者手帳の申請に始まる一連の身体障害者福祉法にもとづく給付[※26]があることを、その人に知らせる必要がある。

　手続きをすると手当が支給され、補装具として車椅子給付を受け、住宅改造の制度を使って浴室に手摺りを付け、日常生活用具として給付を受けた浴槽で汗を流すこともできる。ヘルパーが派遣され、買物に行ってくれたり、通院介助をしてくれる場合もあるだろう。在宅の生活が困難なときは、身体障害者福祉法にもとづく施設に入所できる場合もあるだろう。

　高齢者の場合も同様である。[※27]訪問したら、一人暮らしの高齢者が衰弱して動けなくなっていたので、救急車を呼んで入院させた、などと馬鹿な仕事をしてはならない。どうして今まで、ヘルパーの派遣やショートステイの利用を勧め、ある

26　身体障害者の福祉制度

　身体障害者福祉法にもとづき、身体障害者手帳の交付を受けた人に対して、同法にもとづいて（二〇〇六年より障害者自立支援法（現・障害者総合支援法）が根拠法に）補装具の交付、日常生活用具の給付、デイサービス、ホームヘルプ、ショートステイ事業、施設への入所措置などが行われるほか、特別児童扶養手当等の支給に関する法律にもとづく手当の支給制度などがある。

　また、すべての分野に共通するものだが、福祉制度は法律や予算措置にもとづく国の制度、条例等にもとづく都道府県や市区町村の事業と階層構造になっている。（ただし、国の制度でも実施主体は市区町村であり、

いは訪問看護ステーション（これは老人保健法にもとづく）など、その他の制度利用を検討してこなかったのか、反省しなければならない。

このように、生活保護法との関わりが、その人にとって、意味のある生活を送ることができる契機となるように、ケースワーカーは常に他の法律や社会資源を意識的に活用する必要がある。生活保護法が最低生活を保障するとはいいながらも、その制度のみで、その内容を実現することはできないからである。

それは、憲法第二十五条全部を具体化した制度の総体が、社会保障制度であり、社会保障制度は生存権という一つの共通の目的を実現するために、相互に有機的に活用されるべきシステムとなっているからである。

そこで、社会福祉は所得保障や医療保障などと並ぶ大きな柱で、それぞれの機能は、相互に重複しあっているが、その基礎となる法制度が福祉六法である。

その六法とは、生活保護法（一九五〇年）のほかに、児童福祉法（一九四七年）、身体障害者福祉法（一九四九年）、精神薄弱者福祉法（一九六〇年、一九九八年知的障害者福祉法に改正）、老人福祉法（一九六三年）、母子及び寡婦福祉法（一九六四年）のことである。

一九五一年、社会福祉事業法にもとづき創設された福祉に関する事務所（福祉事務所）は、当初生活保護、児童福祉、身体障害者福祉の三法を所掌し、その後これらの法律を総合的に実施する行政機関として機能してきたのである。つまり、そういう理念の下で、生活保護のケースワーカーも、他の福祉法を担当するケー

国が支給する手当にしても窓口は市区町村となっている。）

したがって、これら施策は身体障害の分野だけに限っても、何百という数になる。そこで各自治体では、身体障害者手帳を交付する際に、「身体障害者手帳のしおり」や「身体障害者福祉のあらまし」などと題した冊子を配布している。

最近は、制度の内容が増えて、すっかり分厚くなっていることに加え、障害の範囲や級によって、使える制度が異なってくるので、その人ごとに、利用できる制度を十分に調べることが必要になる。

知的障害者の福祉制度についても、ほぼ同様の構造になっており、自治体によっては、「身体障害者福

スワーカーも、それぞれ連携して仕事を進めていける組織として、福祉事務所が創設されたと考えるべきである。[※28] もちろん今日では、老人保健法や精神障害者保健福祉法などのように、重要な法制度は六法に限るものではない。

福祉サービスは、法律に拠るものから、その地域の条例や独自の予算措置にもとづくもの、また公的制度によらない市民による相互扶助や個人の自主的なグループ活動、専門職集団による先駆的事業として、あるいは民間企業による組織的事業など、その供給システムは大きく広がり、社会資源は複雑化し量的にも拡大している。いわばサービスを必要としている人々は、社会資源の迷路のなかにいるようなものである。ケースワーカーの役割は、このような複雑化したサービスを本人の求めに応じて結びつけていくことである。

この辺でよいであろう。とにかく、社会福祉六法に精通しよう。

〔※二〇〇〇年四月以降、介護保険制度及び支援費制度が導入され、二〇〇六年度からは障害者自立支援法（現・障害者総合支援法）の施行等により、高齢者、障害者の福祉制度に変更があります。〕

024 個別化というのは一般化しないこと、簡単に「専門知識」で納得しないこと

個別化の原則とは個別援助の相手方に対するときに、不特定の人間一般とみる

祉のあらまし」の中に含めて制度の案内を掲載している場合もある。

仮に、東京都の区部で肢体不自由の障害で一級の手帳を持つ人は、ホームヘルパーの派遣を受け、車椅子などの補装具、浴槽やベッドなどの日常生活用具を使い、住宅改造費の給付制度（都区制度：所得に応じた自己負担）を使って風呂やトイレの段差をなくしたり手摺りを付けることができる。また、都と区の障害者福祉手当を受給することができる。（国制度の特別障害者手当は常時特別の介護を要する重度の場合に限られる。）

27 高齢者の福祉制度

老人福祉法、老人保健法などの法律にもとづき、基

のではなくて、特定の人格を持つかけがえのない存在として接するべきであり、援助にあたってはその人にふさわしい援助の方法を用いるべきである、とするものである。またそのような見方を援助者がとることで、相手方は、本来的な援助関係に入ることができるとされる（『社会福祉援助技術各論Ⅰ』社会福祉士養成講座九、七九頁）。

これは、きわめて重要なことであり、やってみると難しいことでもある。つまり、私たちの相手方となる一人ひとりを、個別化するというのは、単なる心構えではなく、技術だからである。

一人暮らしをしている高齢者の、「家主は前々から、私に出ていってほしいので嫌がらせをしている」とか、「自転車に乗って、追いかけてくることもある」という話から、この人にクリニックを紹介し、不安な気分を和らげ、これからの援助の方向を関係者と相談できるのは、「専門的知識」として「老人性幻覚妄想状態」とされる症状を知っていたからである。

しかし、実際に仕事の場面を考えてみると、本人に、「（ああ、住所不定ね、）それじゃ、いつもどこにいるんですか？　駅前？　昨日は？　その前は？」と言っていたり、同僚に、「それ、老人性幻覚妄想状態の典型的な症状だな」などと、簡単に言ってしまっている場合がある。「住所不定」の人たちに関する専門的な知識や、仕事上で取り込んだ情報は確かにある。だから、素人みたいに差別していないぞと思いつつ結局全然わかっていないことがある（▼035参照）。

本的なニーズに対応する制度が整備されている。身体障害者の場合と同様に、制度が法律に基づく場合でも実施の主体が市区町村となっている。また、自治体独自の制度・事業などもある。

•在宅介護支援センター、ホームヘルパー、デイサービス、ショートステイ、日常生活用具、養護・特別養護老人ホーム、ケアハウス（以上老人福祉法）。

•老人保健施設、訪問看護ステーション（以上老人保健法）。

（以上の制度は、二〇〇〇年の介護保険法施行により介護保険優先。）

•老人福祉手当、住宅改造、高齢者アパート（以上都区制度）。

専門的な知識はあっていい。ないとできない。ただ、わかったと思ったらわかってないということだ。それを知った上で、個別的にどう関わりをつけるのか、ということだ。

したがって、「あなたはなぜ駅前で寝ていたんですか」とか「あなたの考えていることをもう少し詳しく言ってみてくれませんか」と言わなければならない。「ああ、この人は俺の話を聞いてくれる人なんだ」と相手が感じないと、個別化が始まらない、つまり援助に入っていくことができない。

「あの人、統合失調症ですよ」「この人、これ以上のリハビリは無理です」「この人、在宅は無理ですよ」

「専門家」の好きな言葉だ。「あっそう、だから何なの」。

そういう状況だとしても、どうするのかは本人が決める。本人が生きていくための相談にのるのが福祉の専門家だ。だから、本人の人生に、私たちが責任を持つなどという勘違いをしてはならない。

中年の男性が、病気が治っても働かない。聞いてみると、一生懸命探しているのに、刑務所に二度も行ってきたのでなかなか雇ってくれるところがないという。なるほど、そうか確かにそのとおり、それならどんな仕事の道があるだろう、一緒に考えてみよう。こういうのが個別化だ。

しかし、その人が、「刑務所から帰ってきて堅気の仕事があるわけねえじゃね

〔『How to生活保護』「高齢者と生活保護」、現代書館参照〕

28　高邁な理念の下、福祉事務所が創設された当初は、「従来の地方事務所、市役所厚生課が看板替えしただけ(注)」の建物に「何となく選ばれてしまった人々を寄せ集めて(注)（注）」メンバーとしたなどといわれる現実もある（注『日本の救貧制度』三二二頁、一九六〇年、日本社会事業大学）。

しかし、その後、六法制と単法制の是非をはじめ、福祉事務所の組織・在り方をめぐり多くの議論が行われ、改革がなされてきたものと信じたい。

「個別的な処遇を具体的に推進するためには、ケースの状況によって二種以上

えか」と言ったら、それは違う。刑務所から帰った人が全員、仕事がなくて生活保護を永久に受けているわけではないことを言わなくてはならない。

○個別化しなくてはならない、個別化だけしてはならない

○個別化して行き詰まったら、一般化できりかえす

025

アルコール依存症かどうかは医師が言えばいい。住民登録がどうしてないのか、ケースワーカーの守備範囲だ

住所不定で救急入院した人から生活保護の申請が出ると、ケースワーカーは病室のベッドの脇に出向いて申請を受けることになる。

ナースステーションに挨拶したとき、「あの人、救急車で来たときお酒くさかったですよ」と言われると、これは「アル中」に違いないと思ってしまう。酒飲んで、体をこわして生活保護になるくらいだから、当然のことだと思い、「自助グループのミーティングに通う約束をしないと保護しない」などと言ってしまうのである。

しかし、ちょっと待ってほしい。真冬の公園にいたら、いくら重ね着してもア

の現業員（老人ケースの場合であれば、生活保護担当員と老人福祉担当員）が、ケースに対する分担関係を明らかにしておき、常に情報を交換し合い、または助言しあって協同的にケース処遇を継続する等、福祉事務所内での業務提携を確保する必要がある」と「新福祉事務所運営指針」（一九七一年、厚生省社会局）にもある。

しかし、生活保護制度の社会保障制度全体に占める比重の低下に加え、保健・医療との統合や社会福祉の普遍化を具体化する法制の成立にともない、近年福祉事務所制度の解体とも言うべき組織改編が各地で進行している。

それまで、同一の課内に所属していた生活保護と他

ルコールの力を借りずに過ごせるだろうか。

「あなたは、アルコール依存症です」というのは医師が言えばいいことであって、ケースワーカーが先回りをしてはならない。

この人はこういう人だと、勝手に型にあてはめて、そういう人の場合、こうしなければ保護に該当しない、などと制度にたどりつく前に切ってしまってはならない。

次に、住所不定であってもなくても、住民登録のない人から申請が出たとき、何らかの理由によって登録をしていなくても、実際の住所地ということで保護を受ける場合はよくあることである。

法の規定[※29]は、居住地・現住地あるいは現在地といい、住民登録をしているかどうかを問うことはなく、したがってケースワーカーの間では「生活保護に住民票は関係ない」と言われることが多い。

しかし法手続きの要件となっていないことが、即ち意味のないことであると早合点してはならない。

当たり前のものがないとき、その理由を問うことから、その人の課題を知ることができる。他人の暴力や債務の執行から逃れて、住民登録を居住地においていない人や、子どもの頃から各地を転々としてきてどこにあるかわからなくなってしまった人もいると思う。

もし住民登録が居住地と違う人がいたら、なぜなのかを調査しておく必要があ

の福祉法担当が、それぞれ別の課となって連携が困難となったなどという例は、すでによく知られるところである。

一方で、老人・身体障害者・知的障害者など三法をまとめ、「在宅」の事務のみを地区割りにして同一係一人ひとりの事務職員の所掌にするとともに、三法すべての「施設入所」事務だけをまとめて、さらに別の課に移してしまうなどという極端な例もある。

一体的に行われるべきものを切り、別々に担当したほうが効率的であるものをあえて合体させ、つまりすべてを逆にするなどという、福祉事務所制度の歴史と断絶した「改編」を目のあたりにすると、当時の制度創

る。その結果、心に重くのしかかっていた課題が解決の方向に向かい、世を捨てて生きてきた人が選挙や年金・手当の受給、免許の更新ができることで再び社会と関わりを持つことにつながっていくことができる。

また、どうしても居住地に住民登録を移せない場合もあるが、こういうとき、その時点の住民登録地を実地に調査するとよい。A地に住んでいるのにB地に住民登録がある。B地の前に立つと、そこが彼が住込みで勤めていた新聞配達店であったり、倒産した会社の入ったビルであったり、意外な事実が判明することもある。

こういうことがケースワーカーの守備範囲だ。

○人をパターン化しないこと

○当たり前のものがないときに、何かがあるものだ

026 オーダーをとる前にメニューを見せる

自己決定を促すことが重要であることに間違いはない。しかし、どんなメニューがあるか知らない人にいきなり何が食べたいか聞いても、注文を出すことができるだろうか。

例えば、生活保護の制度を知らない人は、もう食べていけなくなったのだか

設に尽力された厚生官僚ならずとも暗澹たる思いにさせられる。やはり、人（制度を担当する専門職）を育ててこなかった制度の運命といえようか。

29 住所のない人に関する規定

法律は次のように、居住地のある人とない人に分けて、福祉事務所の実施責任を規定している。

▼法第十九条 都道府県知事、市長及び社会福祉事業法に規定する福祉に関する事務所（以下「福祉事務所」という）を管理する町村長は、左に掲げる者に対して、この法律の定めるところにより、保護を決定し、且つ、実施しなければならない。

1 その管理に属する福

らと思って、「老人ホームに入れてください」と福祉事務所の受付で言うと思う。金がなくなっても、生活保護を受ければ住み慣れた今のアパートでいつもの肉屋のコロッケ弁当を食べたり、泡の吹き出す銭湯に行った帰りにちょっと缶ビールで一杯やることもできるということを、ケースワーカーは情報提供する義務がある。

突然の入院から半年経って、そろそろ退院できることになったけれど車椅子を使う「障害者」になってしまったと思う人には、在宅した場合、住宅改造や、ベッドがもらえたり、ヘルパーが来てくれたりする公的サービスの利用（▼023参照。※二〇〇〇年四月以降、介護保険制度導入による変更があります）から、ボランティアの活用、それから施設に入った場合のこと、もちろん費用のことなど、あらゆる選択肢を示してシミュレーションして見せなければならない。

「あなた今どうしたいんですか？」「今、何がいちばん困っているんですか？」

「専門家」の好きな聞き方である。

ぼくが言われたとしたら、逆に聞いてみたい。「あなた、どこまでやるつもりがあるんですか？」「あなた、どれだけ社会資源知ってるんですか？」

困るためにも情報が必要だ。

祉事務所の所管区域内に居住地を有する要保護者

２　居住地がないか、又は明らかでない要保護者であって、その管理に属する福祉事務所の所管区域内に現在地を有する者

027
手持ちの資料の中に新しい事実がある

調査の過程で入手した資料はすべて、繰り返し繰り返し穴のあくほど見つめるとよい。それが古い資料でも同様である。

見落としていた新たな見方を発見できる場合がある。

戸籍謄本、レセプト、ケース記録、家族からの手紙その他の添付資料など、時間があれば何度でも点検するといい。特に預金通帳のコピーやアパートの賃貸借契約書、給与明細書など、その他の添付資料に目が届いていない場合がある。

全く誰とも交流がないと言っている人のアパートの契約書には、保証人の欄が空欄のままであろうか。

ケース記録の古い部分の何気ない一言に、新たな社会資源活用の道が拓かれることがある。例えば、「小学校の頃から勉強は全くわからず、働くようになってからは云々」という記録から、関係者にあたり、「愛の手帳」（療育手帳）の取得手続きを進めたところ、外出もできない精神病院に入院中であったその人は、とりあえず郊外の広々とした施設に入所することができた。

また、三年分の給与明細書を並べてみて、ある種の法則性に気づき、自分で給与明細書を書き換えて「収入申告」していた人に気がついたこともある。

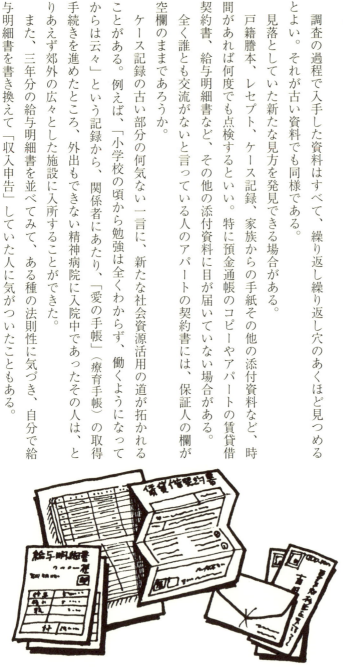

手持ちの資料とは、役所の中にあるその他の情報も含んでいる。住民基本台帳から課税資料、過去の手当・貸付金・保育園措置などの申請書類・台帳などアクセスできるものは何でも利用すべきである。

息子たちとは、何十年も音信不通で、どこにいるかもわからないという韓国籍の高齢者は、「家族のことを聞かれるのなら保護を辞退して死ぬ」と言っているとケース記録にあった。新たに私が担当となり、古い課税台帳をあたったところ、いとも簡単に、この高齢者がほんの数年前まで扶養してきた息子たちの名前が出てきた。この事実をただちに、本人にぶつける気はないが、何やらほっとした思いであった。

手持ちの資料を大切にすることで、気づいていなかった事実がわかり、さらに必要なものは何かが見えてくる。

もっとも、知らなければよかったと思うこともある。

ケースワーカーとは、後悔に生きる者のことでもある。

028 あることは証明できる、ないことは証明できない

ケースワーカーにとって頭の痛いことは、預金や資産を調査しなければならないことである。あるいは、その人の稼働能力（働けるかどうか）を調査・判定し

なければならないことである。

しかし、生活保護の決定のために、預金や資産がないということを本当に調査することができるのだろうか。

預金があることは、どこかの銀行からの調査の回答文書を示せばいいことである。しかし、どこにも預金がないことはどうすれば証明できるのだろう。ある特定の銀行に預金がないという回答文書が何枚たまっても、どこかにあるはずだと思う人にとって何の証明にもならない。

つまり調査ということにおいては、あることを証明するのに比べて、ないことを証明することは非常に困難だということなのである。

稼働能力はどうだろう。もちろん病気で入院している人に、それがとりあえずないことは異論のないところである。

しかし、例えば三年ほど前に統合失調症で数カ月の入院を経て、現在四週間に一度通院している二十五歳の元会社員は、果たしてそれがあるのかないのか、あるいは彼が高血圧症の五十五歳の建設作業員だったらどうなのだろう。

彼らがもし、就労先を見つけて働きだしたら、それがあったということになるだろう。ないとしたら、法的には医師の証明でいいだろう。しかし、医師が「軽労働可能」と言ったらどうだろう。それでも、たぶん本人にはいつまでたっても仕事がない場合があると思う。

すると稼働能力については、それがあるかないかという課題設定そのものが、当を得ていないということにもなるだろう。

結論を言うことにしよう。

預金がないことを、証明しなくてもいいということである。稼働能力があることもないことも、証明することはできない。調査・判定の結果についてはっきりしなくても、決定はしなければならず、その決定は今ある事実にもとづく決定でいいということだ。

つまり、状況が推定できて、相手方が調査に協力していれば、相手方の利益になるような決定をする義務があるということだ。

したがって、その決定が結果的に誤っていたとしても君のせいではないということだ。

029 わかろうとしていることが、わかればいい

私たちが、仕事の行き詰まりや家族関係の悩みを抱えていたりするときに、たとえ親友でも「わかる、わかる」などと簡単に言ってほしくないと思う。でも、黙って一緒に酒を飲んでくれたら、やはり友情に感謝することになるだろう。

「警察に追われて」いたり、「東京の人間が一日ごとに入れ替わってしまう」という妄想を持っている吉田君（男性、二十九歳）の場合、私は面接室の窓から道

路に尾行の刑事がいるかどうか確かめた後で、そんなことはあるはずがないとも、たぶんそうなのだろうとも言わなかった。

「柴田さんも、ぼくの言うことは妄想だと思っているでしょう」と言う彼に、「ぼくに刑事の姿は見えないけれど、君が尾行されていると確信していることはよくわかる」と答えた。

私が気をつけていることは、そう簡単にあなたのことをわからないよ、という気持ちを伝えるということである。

人間皆、「そう簡単にわかられてたまるか」という気持ちを持っているから、わかられなかったということは、相手にしてみれば「この人は正直な人だ」とか「私をわかろうとしてくれているのかな」などと思うのである。

「この病院に入院してから、どんどん具合が悪くなっている、病院を替わりたい。よく診てもらえないのは私が生活保護患者だからだろうか」などと思い込んだ小林さん（男性、五十六歳）には、何をどう説明しても、効果はなかった。

しかし、「いいですよ、私の立場では病院を替えることはできませんが、あなたが勝手に飛び出して、また私の事務所にくれば、もう一度別の病院を紹介しますよ」と言ったとたん、彼の気持ちが動いたようであった。彼は住所不定で、勝手に病院を出たら保護打切りになると思っていたからでもある。

その後彼が亡くなるまで、療養態度が悪いというナースステーションからの呼出しはなかった。

そう簡単にわかりあえないけれど、わかろうとしていることが伝わることでお互いに一息つける。

030 関係者には、初めに手紙を書くとよい場合がある

よい場合もあるということは、やめたほうがいい場合もあるということである。つまり、手紙とは文書であり、後に残るという長所と短所があるからである。

口で言って済むことをわざわざ文書にして送る必要はないが、文書で照会すべきことでも、初めから公文書を送り付ければいいというものではない。

例えば、扶養調査[※30]の場合、扶養義務者に対し「あなたは民法第何条にもとづき、この人を扶養する義務があるのだから、今後どのくらいの援助ができるのか、別紙用紙により回答するように」という内容の印刷された所長名の公文書が発せられることになる。

しかし、このような場合、当事者同士の関係性や援助の可能性などというものは、一枚の紙に回答できるようなものではないはずである。

「金はないけれど見舞いに行って、入院保証人になるくらいならやってもいい」とか「この人のために、母は苦労のあげく若くして亡くなり、私たちは親戚の家を転々として成長したのです。ただ、ずっと恨みに思っていたけれど、子ども

30 **扶養調査**
保護の申請を受けると扶養義務者を調査することになる。法第四条第二項に、「民法に定める扶養義務者の扶養は、すべてこの法律による保護に優先して行われるものとする」と規定されているからである。
実施要領によれば、まず本人及び戸籍の調査により、どのような扶養義務者が存在しているのかを確認する。対象は主として絶対的扶養義務者（民法第八七七条第一項：直系血族兄弟姉妹）

の頃縁日で綿飴を買ってもらったことを覚えています」。私たちが知りたいのは、こういう感情なのである。

そこで、「一度会ってお話をしたいのですが」という形式の手紙が有効である。印刷された公文書の様式は、それなりの調査の結果として、最後に使用することになるのである。

031 訪問するときは予め連絡をする

家庭訪問をするときは、できるだけ事前に連絡をしてから行くようにすべきである。電話がある人には電話をかけ、ない人には手紙を出して都合を連絡してもらってから行くのである。よほど親しい間柄であっても人の家に突然上がり込むことはないからである。

人にはそれぞれ都合があり、我々が訪問する場合は、水道やガスの検針のように都合が悪いときは後にしてくれと、相手が断ることができないからである。

私がある高齢のご夫婦を初めて訪問したときのことである。

真夏の炎天下その家の前の路地で奥さんが草むしりをしながら、私の行く予定の時刻に待っていて、私を見つけると足早に奥まった自宅へ案内してくれたことを思い出す。家の中でじっとしているだけでもつらい猛暑の午後、わざわざ路地

であるが、特別な事情のある場合は相対的扶養義務者（民法第八七七条第二項：その他の三親等内の親族）にも及ぶ。

次に、人が特定されたら、その人の扶養能力（つまり収入、資産保有状況等）を調査する。当事者の居住地を所管する福祉事務所に調査依頼したり、福祉事務所の管内に当事者が住んでいる場合は実地調査をすることとされている。しかし、その先どのように扶養義務の履行を「保護に優先して」行うようにするかという手順は、必ずしも明らかではない。

実際には、扶養義務の履行に関する照会の文書を直接当事者に送付し、電話で説明したり、来所を促して

の草をむしっていたのは初めて訪れる私への気遣いだけではなく、福祉事務所の職員が来たことを隣近所に悟られないようにとの思いであったように思う。

予約訪問をしてみると、失礼ながら、いつも暇だと想像していた高齢者たちに、実にいろいろ都合があるものだということがわかると思う。

生活保護を受給する側からすると、訪問の前の一本の電話も、ケースワーカーが信頼に足る人物かどうかを判断する出来事のひとつになっているのである。

032 病院訪問は、面会時間に行くとよい

入院中の患者と面接するために訪問するときは、できるだけその病院の面会時間に行くことである。そして、見舞い客のあふれるロビーの隅で、世間話をしているかのようにその人の話を聞くのである。ヒソヒソと秘密諜報部員のように話してはならない。車の営業マンが新車の説明をしているような顔と抑揚で、明るく、面接をしてみよう。

もちろん、福祉事務所のケースワーカーだと言えば、午前中の病棟に入ることも可能であるが、そうすることでその人のところに特別の人が訪れたことが同室の人たちにわかってしまうことになろう。

何か行動を起こすときに、これは仕事だからといって自分だけの都合で動きだ

面接し回答を求めるという方法で行われることが多い。

ただし、明らかに扶養義務の履行が期待できないときや、夫の暴力から逃れてきた母子世帯のような場合、直接照会しなくてもよいことになっている。

また、あくまでも履行を求めるだけで、それに応じるのは当事者たちで、福祉事務所に扶養の履行を強制できる権限があるわけではない。
▼057参照

してはならない。仕事は自然の流れに逆らわずに行うようにするといい。この場合、特別なことをしないことが大切である。

また、普通のことをしていると思えば、顔つきも穏やかになり、思い詰めた相手も、心を開きやすくなる。

しかし、役所名の入った自転車で訪問に行くようなときは、その人の家の前まで乗って行って、入り口の前に自転車を止めてはならない。近くの公園に止めて、その家まで歩いて行くべきである。

こういうときは特別なことをしなければならない。

033
訪問したら、その家の人全員と話をする

私たちは家庭訪問すると、母子世帯ならお母さんと話をして帰ってくる。ところが、狭いアパートには夏休み中の中学生の長女が隣の部屋で勉強していたり、小学生の弟が裏の路地で水遊びをしていたはずである。

一言声をかけていたら、長女が福祉の仕事をしたいと思っていたり、弟は、海に行きたいと思っていたことがわかったはずである。進路の話と、ひとり親家庭休養ホーム※31の情報提供ができたら、もっとよかったのである。

私は昔、祖母と小学二年の孫娘の世帯で、その二年生から「おばあちゃんが亡

31　ひとり親家庭休養ホーム
ひとり親家庭のレクリエーションと休養のため国民宿舎・遊園地等を指定し利用料を助成している東京都・区の事業。

くなったら、私はどうしようかしら」という相談を受けて、この仕事の重さに途方に暮れるような思いを抱いたことがある。

世帯主が保護を受けていることを、息子たちに知らせたくないと思っている家もある。そういう家に限って、高校生の息子が陽が高いのに隣の部屋を閉めきって寝ていたりする。父親が保護の相談をしているのに何たることだと思って、私はそういう息子を起こしてもらって面接することにしている。

私に与えられた正当な権力の範囲だと思っている。

034 「ケース」の見方は何回変えてもいい

福祉事務所では、対象者・利用者のことをケースと呼ぶことが多い。あの「ケース」、この「ケース」などと言う。

小山さん（男性、四十歳）は、「どうしようもないケース」であった。夏でも汚れた作業ズボンに防寒ジャンパーを着て、先の割れた長靴を履き、管内の公園に寝泊まりしてときどき福祉事務所にやってきては、いくらかの金を受け取って帰る。統合失調症の病歴があり、いつも独り言をいいながら、にやーっと笑っていたりする、大男で、怖そうで、変な奴であった。ときどき暴力をふるった。

私が住所不定ケースの当番のときにやってきて、なんとか入院になるまで三カ月くらい毎日朝面接した。「入院したら」と言うと、そのたび、怒ったり、灰皿を倒したり、険しい顔で駆け出していったり、せっかく入院しても、何と次の朝、事務所の玄関前で待っている始末であった。医療を受けない期間が十年以上続いていたようだ。

やっとの思いでできた何回目かの入院が、めずらしく一カ月続いたので、病院訪問したら、白いシャツを着てさっぱりした髪の会社員風の男性が「今、ソフトボールしてました。いやーっ、その節はお世話になりました」と言って駆け寄ってきた。それが小山さんであった。

ただ、入院先を世話しただけのことであった。[※32] ちなみに、この病院で担当となった医師は、病歴や今後のフォローのことなど、このとき本人にとって不利な条件を、なんとかなるだろうと言って入院させてくれたのが[※33]印象に残っている。

その後彼は退院して、更生施設を経てアパートを借り、競馬場のアルバイトの仕事まで得た。

当たり前のことだが、その人の生きている環境を変えれば、人が変わる。私たちは、人の環境を変える力を持っている。

なんと恐ろしいことであろう。

32 **「入院先を世話する」**。もっとはっきり言えば、福祉事務所にとって、「入院させる」ということは、もう何十年も続いた「仕事」である。地域で、「寝たきり」となった介護する人のいない高齢者を、電話一本で郊外の老人病院の車に迎えに来てもらったのは、過去のものとなりつつあるが、今でも同じようなことがないわけではない。

福祉事務所が直接かかわる、入院の必要な住所不定の患者に対してはもちろん、地域の救急病院に入院後、急性期を過ぎても一人暮らしのため帰るところのない患者には病院からの要請で、生活保護の担当者が電話にかじりついて、心当たりの病院に片っ端から「入院（転

035 「住所不定」の人には「家はどこですか」と尋ねる

福祉事務所に住所不定者がやってくると、住所不定担当や、当番の職員が対応したりする。路上から救急入院すると、入院先に傷病発生地の担当ケースワーカーが調査に出向くことになる。

さて住所不定者とはなんだろう。福祉事務所の職員だから、住所不定者に対する対応の仕方がわかっていなければならないなどと思って、（こういうのよくいるんだよな、そう、××公園とか、それから○○駅の近くとか、）「あのさ、どっから来たの？　どのくらいやってんの、こういう暮らし、えっ?!　ヤマ[※34]から来たの？　シノギはなんですか？」などとやってはならない。

住所不定者だからこそ、「家はどこですか？　どうしたんですか？」と尋ねなければならない。そうしないと気持ちが動かないからである。

お前は住所不定者だな、と思って面接すれば、「昨日どこにいたんだ」、「川崎です、その前は横浜」などとわけがわからない。

同じ人間、どうしてあんたは家がないんだという気持ちで聞けば、「誠にお恥ずかしいのですが、二〇年ばかりクニに帰っていないんです。弟が跡を継いでいます」とか、「半年前まで、板前だったんですが、店がつぶれてしまって……」

院）依頼」をすることになる。

事例のような精神病の患者の場合も、福祉事務所が入院先を決めることとなる。

できるだけよい病院に入れようと思うかどうか、あるいは一体何がよい病院で、どこにそれがあるのか、そういうことを知っているのかどうか、すべては担当者次第である。

結果として、一九八四年の宇都宮病院事件から九三年の安田（大和川）病院事件まで、同じような事態が続いてしまっているのである。本来、福祉事務所の職員は、訪問や入院時の付添いあるいは日頃の評判を聞いて、また何より、入院依頼をしたときの感触を通して、その病院がどの程度の内容なのかを患者の次に最などと、その人の気持ちが動いて肉声が返ってくる。

　社会福祉を必要としている人たちの心をつかむ工夫をすることなしに、生活保護費を有効に使うことができるだろうか。

　もちろん、住所不定者という人たちがどこから来て、どんな暮らしをしているのか、保護を適用するときの留意点はどういうことか、などとプロだからこそ一般化できるし、冷静にもなれる。

　しかし、そういう人たちだからこそ、個別化してみようと思うのもまたプロの技ではないのだろうか。

036 精神病の人にも、本当のことを言うべきだ

　初めてケースワーカーになって、いちばん心配なのが精神病の人たちとの関わりである。病院にしても居宅にしても、訪問したときにどんな話題で何をどう話せばいいのか、さっぱりわからないものである。

　精神病の人といっても、いろいろな病気・状態の人がいて、発病して全く治療の始まっていない人から入院中の人、あるいは退院して作業所に通ったりしている人まで様々だからである。

　初めは、ケースワーカーになると、なんとか一生懸命にやろうという気持ちで、

も知り得る立場にいるのである。

　私たちは、入院後にも、患者に対して、病院の医師やソーシャルワーカーとともに関わりを持てる病院を選ぶ必要がある。

　また、業界のこういう「常識」を、もっと社会に公表し、問題提起していきたいものである。

33　入院を決定するのは、診察をする医師である。しかし、その決定には、病状やその病院本来の（救急や療養型などの）機能に加え、手のかかる患者かどうか、金があるかどうか、あるいは、院内の他職種の意向などの要素が考慮されている。
　例えば、ある公立のリハビリテーション病院で

ついよく思われたくて必要以上にいろいろ話しかけてしまうものである。

病気の人はうまく自分を表現することができないことが多いが、けっこうケースワーカーを観察しているものである（▼015参照）。

病気の状態に合わせた関わりを研究すべきではあるが、私はとりあえず、うつ病の方に「頑張ってください」と言わなければ、普通でいいと思っている。普通とは、あえて構えることなく、という程度の意味で、これがけっこう大切なのである。

例えば、この人は病気なんだから、何を聞けばいいのかな、そうそう、「薬飲んでますか」などと言う必要はないと思っている。こういう気を遣うこと自体すでに、精神病を特別の人とする意識にもとづいている。そこで、何か聞くとき、自分は今なぜこういうことを聞こうとしているのかを、意識化してから聞くのもいいだろう。

それより、自分を説明する努力のほうが重要である。病気の人に自分を、あるいは今日の訪問の目的をいかに説明できるか、自分はいくとおりの言い方を用意できているのか、研究してみよう。

その上で、何か気のきいたことを言わなければならないと思うこともない。黙っていたら、相手が話し出すまで待っていてもかまわない。

あるいは、訪問して、アパートの部屋が汚れていたら、ドアの前に立って、「ぼくは靴下が汚れるからここでいい」と言っていいし、「君は病気だということは、主治医の紹介状により、入院が決まりかけたときに、患者がろう者であることがわかり、コミュニケーションを取れないので受け入れられないと入院を拒否されそうになったこともあった。

この事例の人も、今までも治療の中断があったのだから、これからも「治療にのらないだろう」、今後の方針が見えてこないから、などという理由でなかなか受け入れてもらえなかった経過がある。

「よい医療をしている」と思われている病院、あるいは、よいと思われる（相対的に入りたいと思う）病院ほど、システムも複雑で、入院しにくいものである。

また、一般に、医療者はよい仕事をしたいと思うた

で生活保護のお金を受け取っているんだ、君はどう思ってる?」などと何でも本当のことを言うべきである。専門的な知識とか技術以前に、まず嘘を言ってない人として認められることが大切だと思っている。

037 相手が㊧のときは、まずこちらの動作を太くする

㊧というのは暴力団関係者や暴力をふるうケースのことで、暴力や暴力をほのめかす言動で職員を威圧するなどして、違法、不当な保護の適用を受ける場合が多い。

不幸にして、こういう連中と遭遇した場合には、まずこれは社会福祉の仕事だと思わないことである。つまり、こういう場合は申請の権利がどうとか、要保護状態にないことをこちらで挙証しなければ保護決定せざるをえないとか、まともなことを考える必要がないということである。これは、もう戦争と同じことだと心得ることである。

何か被害があれば、警察に通報するのだが、相手もプロ、そう簡単に捕まるようなことはするはずがない。

全国的にみると、相当大変な状況のなかで闘っている現場もあると思う。私は自分の経験で言うと、刑務所を出てきて保護を受給し、その後たいした病気もな

めに、成果の上がる患者を求める傾向があり(したがって、詳しいことを聞かずに入院を承諾する病院ほど怖いものはないのだが)、福祉の側からすると不満に思うことがある。

この事例では、私がここならいいと思っていた病院の医師が、「うまくいくかどうかわからないけど入院してみるか」と受け入れてくれたのが、ありがたかったのである。

34 **ヤマ**
東京都台東区の山谷地域のことを、労働者たちがこう呼んでいるようである。

いのに、体の不調を訴えて働かず、受給を継続するが実際には裏で収入を得ているといったケースが多いのではないかと思う。

彼らの得意技は、とにかく職員を威圧するということである。それも、いきなり突っ込んでくるようなことはない、初めはジャブを出してくる。例えば、「自分はこんな人間ですから、どこも雇ってくれるところもないんで……先生、よろしく頼みますよ」などと言って、長袖シャツをまくって刺青を見せてくれたりするのである。

このときに、同席を頼んだ係長の持った鉛筆が、ブルブルと小刻みに震えていたりしたら、第一ラウンドを取られたことになる。こういうとき、相手は反応を見ているのである。

まず、動作を太くすることである。腹を出して、動きはゆっくり、相手の言葉にすぐ反応しないこと、ただし、目を外してはならない。

さらに相手が脅すようなことを言うときは、必ずそれを否定しなければならない。「仕事に行っても、気が短くて」、「今までもすぐ人を切ったり刺したりしてしまった」などと言ったら、「そういう口をきくと、福祉はいらないということだぞ」と、言っておかなければならない。

ただし、動作を太くするときは、言葉遣いを乱暴にしてはならない。言葉尻をとらえられるからである。もっとも言葉尻をとらえられたからといってあわてて謝ってはならない。何も悪いことをしていないからである。

038 ケースワーカーとは、金の出し入れをする者のことである

ケースワーカーにとって、金銭の取扱いが間違いなくできるということは常識以前のことである。金をきちんと扱うことなしに、ケースワークができるなどと思ってはならない。

なぜこんな当たり前のことを言うのかというと、多少とも仕事に自信が持てる頃になると、何か自分が偉くなったような気がしてしまい、この基本的関係を忘れてしまうからである。

例えば入院中の高齢者が扶助費を受け取りに来れないときに、ケースワーカーが経理担当者のところから受領して病院に届けたり、アルコール依存症の患者に一度支払った生活扶助費を預かり、分割で手渡すことがある。自分はこんなにいいことをしているのだからとか、私が疑われるわけはないなどというのは思い上がりにすぎない。

こういうときに絶対に印鑑を預かってはならない。「今月私はまだ扶助費を受け取っていませんよ」「先月分はまだ残りがあるはずだ」などと言われたときに、確かに自分は届けた、支払ったということが証明できるようにしておかなければならない。

35 収入申告

保護が決定されるということは、その世帯の収入が生活保護基準にもとづく最低生活費を満たすことができないからである。また、支払われる扶助費は、その世帯の最低生活費から収入を差し引いた額である。

したがって、その世帯の収入を調査することなく扶助額を決定することはできず、被保護者には収入申告の義務が定められている。

方法は実施要領にもとづき、通常、（例えば）会社や工場などで働く常用勤労

もし、代わりに年金を受け取って届けなければならないときは、郵便局からおろしてただ届けるだけではなく、もう一度自分あてに相手方の自署した領収書を受け取っておくべきである。あるいは遠隔地の場合は送金になるので、その場合は送金した証拠となる書類を残しておく必要がある。

つまり、領収書は自分で用意し、状況に合わせて何回でも取っておくくらいの周到さが求められるのである。

また、自分が職務として支出する金銭は相手方の受給権の具体化ではあるが、同時に受給者が行った収入申告[※35]にもとづいて月ごとに決定されているものでもある。したがって、必要な収入申告が意図的になされていないような場合は、変更や停止をするしないにかかわらず、支払いを事実上保留する措置をとるべきである。

変更決定により、過渡金[※36]が生じたときは、場合によっては返還を免除できる規定のあることを常に意識しておいて、必要なら担当の判断で遠慮なく適用すべきである。

自分が何か特別の人間だと勘違いしてはならない。

私たちが担当している人たちが、多少でも頼りに思い、敬意を払ってくれているとしたら、それは私たちが間違いなくやるべきことをやり、給付すべき扶助費の支払いをしている、ただそのことによるのである。

〇金の出し入れのときは、何回領収書をもらってもよい

者であれば、収入申告書用紙に記入し、勤め先から受け取る給与明細書を添付して、一ないし三カ月ごとに収入申告を行うよう指導している。

▼法第六十一条　被保護者は、収入、支出その他生計の状況について変動があったとき、又は居住地若しくは世帯の構成に異動があったときは、すみやかに、保護の実施機関又は福祉事務所長にその旨を届け出なければならない。

36　過渡金

月ごとに扶助費の額を決定することを、保護の「要否の判定」に対して「程度の決定」と呼んでいる。

「程度の決定」は、通常、(例えば勤労収入であれば)

○収入申告がないときは、支払いを保留してよい
○理由しだいで、過渡金は返還免除できる
○常に、自分が金を扱う職業であることを意識すること

039 レセプトを見ながら仕事をする

診療報酬請求書のことをレセプトと言っている。福祉事務所には、医療扶助として発行した医療券（診療報酬請求書用紙）が各医療機関から社会保険診療報酬支払い基金を経て（支払い済みとなって）、戻ってくる。

支払い済みレセプトは医療扶助の記録でもある。ほとんどの被保護者は医療扶助を受けているから、この記録を活用せずに処遇を考えることはできない。

例えば近隣から通報があって一人暮らしの高齢者が様子がおかしいとか、具合が悪そうだと言われたときに、新人のケースワーカーから「どうしたらいいでしょうか」と聞かれることがある。「何の病気で、どこにかかっている人?」と私は聞く。このとき、普段からレセプトを見ていないと「えーっと、ちょっと待ってください」と言って、その先へ進むことができない。

何かあったときこういう基礎的な情報がないと、全く素人と同じで的確な措置や指示を出すことができない。

最低生活費と、収入申告にもとづく前三カ月平均収入の対比によって行われるが、その月の扶助費の支払いは月初めに、その月の前月と同額の支払いとして行われている。

すると、収入が増えて、扶助額を減額する程度の決定がなされた場合には、その月の扶助費を払いすぎたことになり、すでに支払われた額と、後で決定された額との差額が払い過ぎ、つまり過渡金ということになる。過渡金は、被保護者が長期に入院をして最低生活費の変更が行われたときなど、この他にも生じる場合は多い。

過渡金は当然返還すべきもので、その都度決定通知書に記載して通知すること

あるいは訪問して、「最近具合はいかがですか」と聞いていても、何がどう具合がいいのか悪いのか、聞いている本人もわかっていないのである。

もちろんレセプトはカルテではないのだから何でもわかるわけではない。しかし、病名が月が進むごとに確定していったり、基金の審査をパスするために、どういう治療をなぜ行ったかというメモなども添付されていたりして、処遇上非常に参考になる。

少なくとも、レセプトに載っている病名、治療の内容、通院日数などを検討せずに、被保護者に就労の指示を出したり、医師に照会したりするのは手持ちのデータの活用を知らない大惚けのケースワーカーということになるだろう。

レセプトは個人別に時系列に綴り、常にケースファイルの中に保管し必要なときにいつでも見られるようにしておくこと。※37

最近は特に本人からのレセプト開示請求が認められている。こういうこともレセプトの重要性を一段と高める要素である。

040 ケースワーカーとは、情報を管理する者のことである

そういうわけでケースワーカーになったら今まで見たことも聞いたこともない仕事を効率よくこなさなければならない。ケースワーカーとは、体が資本と言わ

で、被保護者の側に返還義務が生じる。しかし、法は**返還免除**できる場合について次のとおり規定している。

▼法第八十条　保護の実施機関は、保護の変更、廃止又は停止に伴い、前渡した保護金品の全部又は一部を返還させるべき場合において、これを消費し、又は喪失した被保護者に、やむを得ない事由があると認めるときは、これを返還させないことができる。

37　厚生労働省の指導では福祉事務所において、「長期外来患者実態把握実施要領」及び「長期入院患者実態把握実施要領」にもとづき、それぞれ医療扶助の継続の要否や方法あるいは稼働能力の検討などを行うこ

れても実は頭でする仕事である。

そのためには必要な情報を自ら管理するという視点が必要となる。その第一歩はまず自分あてに入ってくる情報を記録することである。

受給者はもちろん関係機関からもたらされた申請や依頼、連絡などについてしっかりと把握し、とるべき対応に漏れがないようにしておく自分用のやり方を作っておくべきである。

例えば私の一日はA４のノート一ページである。そのページをほぼ半分に上から下に線を引き、左が電話や来所により所内で受けた情報の記載欄とし、右側が訪問などによる記載欄で、時間は上から下に流れていくことになっている。黒字が事実で赤字が予定となる。予めページに日付を書き、線を引いて約束や予定を記入する。休日のページもあえて作っておいて、自分が不在のときに同僚が受けてくれたメモや事務打合わせ会のレジュメを縮小して貼りつけておく。

そのほかやるべきことの年間月間週間の予定・リストを必要に応じて作っておくとよい。ただし、こういう情報の管理はできるだけ一元化しなけれ

とになっていて、詳細な指導台帳や検討表などの様式が定められている。

担当ケースワーカーは年に一回検討表を作成し、数カ月分のレセプトを付けて嘱託医に回して、場合によっては主治医照会を行うことも出てくる。

また、上級庁に対して監査時にレセプトを提出し、施設の入所ができないので病院に入院させている患者に対し「施設入所を検討すること」などという指摘を受けることもある。

しかし、実際これは何の役にも立たないだけでなく、業務の形式化を促進し、ケースワーカーの志を低下させ、関係医療機関にも迷惑をかける有害なものである。

ばならない。つまり、あれを見て、これを見てというのではなく、手間をかけずに一目でわかる表や一冊のノートで足りる工夫をしないと、結局計画倒れ、時間の損失となるからである。

次に業務に必要な知識、法令・実施要領の解釈に関することについて、何がわかりどこがわかっていないのか自分でしっかりと意識しておく必要がある（▼017参照）。

自分の地域においては単身者の住宅扶助[※38]額についていくらまで認めていいのか、新たに創設された薬物依存症のリハビリ施設に入所する場合の保護の適用とか、実施要領に載っていないことに関する文書・通達類を管理していないと、誤った決定をしてしまうことになる。そういうものを縮小して実施要領の手帳に貼りつけたり書き込みをしたり、常に手の届くところにおく必要がある。

認知症高齢者の精神病棟のある病院のリストとか、生活保護基準で借りられる物件のある不動産屋など、社会資源について最新の情報もないと、肝心の援助を展開することができない。

私は昔は大きな厚紙を何枚か接着剤で重ね合わせ板状にしたものに機関のリストを随時書き込んでいたが、今はパソコンの住所録ソフトを利用している。

ただし、ノートを作り何でも文書をため込めばいいというものではない。一体何が自分にとって重要なことなのか常に意識していなければならない。

仕事とは必要な情報を選択し、不要になった情報を捨てる過程でもある。

38　住宅扶助

生活保護法にもとづく八種類の扶助のひとつで、困窮のため最低限度の生活を維持することのできない者に対して、「住居。補修その他住宅維持のために必要なもの」（法第十四条）の範囲内において、金銭給付される。例外的に現物給付となる場合は、宿所提供施設という本法にもとづく施設への入所措置の方法がとられる。

扶助の範囲にある住居というのは、家賃や地代などのことで、補修その他については家屋補修や住宅維持費、転居するための敷金、契約更新料等などのことである。

具体的な金額は、いずれも、厚生省告示の形式をと

041 何が起きても自分のせいではないと思うこと

福祉事務所では、とにかく、いろんなことが起きる。いろんな境遇の人たち、いろんな病気や障害のある人たちが、様々な状況の中でやってくる。

夫の暴力から逃れてきた母子が、閉店間近に警察官に連れられてきて、その晩泊まるあてがないと言ったり、長いこと訪問していなかった高齢者が亡くなっているのが発見されたり、車椅子の患者が院内のトラブルで強制退院になるので、すぐ迎えにきてほしいなどというのはよくあることである。

被保護者が家賃を滞納しているのは、福祉事務所のせいだから、責任を持ってほしいとか、保護を受けている母親（八十五歳）が亡くなったのは、担当者が訪問していたのに病状にあわせて入院の措置をとってくれなかったからだなどと、扶養をしていなかった息子たちからの抗議が来たり、彼らを取り巻く関係者の人たちの要求も福祉事務所に持ち込まれることになる。

ある公立病院では、単身の入院患者の衣服を洗濯するのは、病院の仕事ではないから、福祉事務所が洗濯をするべきだというので、取りに行って持って帰り、事務所のヘルパーにやってもらったこともある。

その上福祉事務所は、例えば医療職の人たちのように「それは私たちの仕事で

る生活保護基準の中に定められているが、特に家賃の基準額については、都道府県、指定都市、中核市にあって、それぞれの長が厚生労働大臣の承認を得て別途、基準額を超えて特別基準を設定している。その特別基準はさらに、世帯の状況や地域の実情に合わせる形で二段階に分かれている。

受給する側はもちろん、適用する側にとっても、実に複雑な規定と言わざるをえない。

はない」という言い方ができない。何が仕事かがはっきりしていないということもある。

しかし、組織も予算も装備も何もないのが福祉事務所である。解決方法を聞こうにも、経験の長い先輩もいない。率先して矢面に立ったり、責任を取ってくれる上司もいない場合もあり、地区担当制をとるから、なにごとも担当者の個人責任とされる傾向もある。

前任者が行ったある世帯の保護開始決定が全くいい加減で、資産調査がなされておらず、民生委員から「あの人は地主ですよ」と言われたこともあった。

おまけにわけのわからない監査官が来て仕事をかき回し、うまくいっていた仕事までぶちこわしてしまう。

とにかく、どんなに困った事態になっても、自分のせいではないと思うこと。困った事態の責任が自分にあると思うと、到底この仕事を続けることができなくなるからだ。自分を責めることは何もない。
○担当ケースワーカー制によって何でも担当者の責任とされ、制度や組織の矛盾が隠される構造になっている
○福祉事務所に持ち込まれるニーズのうち制度が対応できないものはケースワーカーの仕事になる
○常に最悪のときを意識すること
○前任者のしたことで落ち込むことはない

○自分を護るために記録を書くこと

第Ⅲ章

生活保護法の解釈と運用をめぐる覚書き

ケースワーカーとは、生活保護法を適用するプロフェッショナルのことでもある。ここで重要なことは、現場でやってきたこと、あるいは行政解釈について精通しているというだけではなくて、自らもこの法律を研究しながら、自分の仕事を進める人になるということなのである。

国や都道府県の指導監督下において、そのようなことができるのだろうか。できる、当然のことである。それだけではなく、そのようにしていかなければ自分たちが苦しむからである。上司や上級庁の言いなりになっても、いざというときに誰も責任を取らないのが役所である。だから自分のことは自分で守らなければならない。

こういうことこそが、この本の主題である、監督官庁のためではない、たまたまこの仕事に就いた「生活保護担当職員のため」ということの意味でもある。

さらにもうひとつ、現場の私たちこそが、日々この法律を直接適用して具体的な生活保護法運用の実績を積み上げてきたのだということを忘れてはならない。

042 実施要領に精通すること

ケースワーカーになると、まず「生活保護手帳」と書かれた一冊の本が手渡される。これは「実施要領」といわれ、ケースワーカーが、常に手元に置かずには仕事をすることができないくらい重要なものである。そこには、生活保護法、生活保護基準などのほか、一般の法令集には載っていない実施要領といわれるおびただしい数の厚生労働省からの通知・通達類[※39]が集められている。

例えば、生活保護を申請した世帯に、大学在学中の息子が同居していた場合を想定してみよう。

生活保護法第十条には、保護は「世帯を単位として」要否・程度を決定すると原則が定められている。

しかし、その「世帯」とは、次官通達によって、「同一の住居に居住し、生計を一にするもの」と規定され、さらに社会局長通知によって「同一世帯に属している場合でも」、一定の要件に該当する場合は「世帯分離」してよいこととされ（つまりその他の世帯員が保護を受けていいとされ）ている。その中に「日本育英会法による貸与金」を受けて大学で就学する場合がそれに該当することなどが掲げられている。

39 通知・通達類
厚生労働省告示、厚生労働事務次官通達、厚生労働省社会・援護局長通達、厚生労働省社会・援護局保護課長通知などであって、ケースワーカーが生活保護を実際に運用していく場合、法律の不確定概念を補い、あるいはそれぞれの扶助支給要件の準則などとして、不可欠のものとなっている。

健康で文化的な最低限度の生活などと、いかに高邁な理想が憲法にもとづき法律に規定されていたとしても、実際に具体的な場面において、それが適用になるかならないかは上級庁の役人の作った通達と、それを第一線の役人が知っているかどうかにかかっている。通達行政はけしからん、などと言って自らの努力を怠ることはできない。

「実施要領を見たのか」

福祉事務所において、質問する後輩に、先輩から必ずこの言葉が発せられる所以である。

実施要領に精通しなければならない。

043 生活保護法は二重構造になっている

しかし、実施要領に精通しただけでは、生活保護法に精通したことにならない、なんということであろう。

それは、実施要領が法律を実施するためにあるということを忘れてしまっては本末転倒であるということである。実施要領は、いくら複雑かつ膨大な領域であっても、生活保護法という上位のシステムを動かしていくための下位システムとして意味があるのである。

さて、生活保護法の話をしよう。

この法律の第一条から第四条までと、第七条から第十条までを、それぞれこの法律の原理・原則と呼んでいる[※40]。

初めに、生活保護はこれら原理・原則をはじめ、それぞれの法律の条文にもとづいて行われるのだということを意識することが必要である。

例えば、健康で文化的な最低生活を、国家が義務として保障することになっていて、国民は権利として保護を申請できる、などということである。しかし、そのためには補足性の原理[※41]や世帯単位原則のように、法律に定める一定の要件を満たす必要がある。さらに、その要件とは、必ずしも法律に規定されているのみならず、実質的に、すでに述べた実施要領に委ねられている部分が相当程度存在している。

したがって、今自分は生活保護制度の根拠として、どの部分・段階の内容から考え、あるいは話しているのか、そういうことを意識しながら、仕事をするべきである。

例えば、自動車を持っている人から保護の申請があったときどうするのか。自動車が利用すべき資産であることは、法律ではなく実施要領に規定されている。次に、その人が山間僻地に住んでいるとき、あるいは身体障害者であるときどうなるのか、その答えも実施要領の中に規定されている。

しかし、実施要領に答えを見いだせないことも多い。この場合、山奥でもなく

40 原理・原則

辞書によればどちらも物事の根本の法則などと書かれているが、原理とは例外を許さないことであって、原則より上位に立つと考えられる。

例えば、無差別平等の原理(第二条)といえば、例外を許してはならないと考えることができる。そういう意味でいうと、補足性原理(第四条)の場合は急迫している場合など例外が考えられるから、原理というより原則ということもできる。

41 補足性の原理

法第四条の表題として、「保護の補足性」と明記され、法第五条に、一条から四条までが「この法律の基本原理であって、この法律

身体障害者でもないが、今日食べる食事にも事欠く事態であったとしたら、どうすればよいのであろうか。

第四条は「急迫した事由がある場合」、資産活用の手続きに先行して保護を適用してよいといっている。

すなわち原理・原則どおりにいかなくても、道があるということが生活保護法の特色である。「急迫した事由のあるとき」「ただし、これによりがたいとき」など、ほとんどすべての原則規定に例外規定が定められている。

原理・原則を守ることで、本末転倒の結果を迎えないための配慮というべきであって、これが社会保障の最終制度たる所以でもある。

法律と実施要領、原理・原則と例外規定、これが生活保護法の二重構造である。

044 急迫した状況は、その人の身になって考える

自動車を保有している人から保護の申請があって、その自動車の保有が実施要領上認められないのに、その世帯には食品の備蓄もなく、手持ち金もない、扶養義務者もいない。

こんなとき、保護を却下すると、実施要領上の問題がなくても、生活保護法の上で違法な決定となる場合があろう。すでに述べたように「急迫した事由」が、

の解釈及び運用は、すべてこの原理にもとづいてなされなければならない」と規定されているために、法第四条の規定するところを、このように呼んでいる。

条文にもとづけば、保護は、個人の資産や能力、民法にもとづく扶養や他法による給付の請求権など法律上行使できる権利を活用することを要件として行うとする原理である。

つまり、この制度は個人が生活上の努力を行い、利用できる他の制度を活用してもなお生活に困窮する場合にのみ、初めて適用されるものとされている。

この規定にもとづいて、実施要領の「資産の活用」や「扶養義務の取扱」が定められているのである。

ある場合には保護をしていいと法律が言っているからである。さらに、法第六十三条は資力がある場合の保護を想定して保護費の返還規定まで定めている（▼063参照）。

この法律が、国民の申請に応答して、国が積極的に最低生活を保障する義務を定めていることを考えると、このような場合に、申請者が急迫しているかどうかを判断し、仮にそうであるならば保護の開始決定をするのは実施機関（福祉事務所）としての義務でもある。

仮に、その世帯が資産を抱えたまま餓死してしまった場合を想定すれば、そのことは言うまでもないことである。

何が急迫した事由にあたるかは、実施機関に判断が委ねられている。そうすると、そのことを判断するのは担当のケースワーカーということになる。急迫しているとはどういうことをいうのか、この先の実施要領はないのである。

どんなときが、急迫していると言えるのか、これは相手の身になって考えたときに、とりあえず保護を受ける以外生活の手立てが見つからないときのことを言うのである。

とりあえず入院したのだから、急迫していないなどと考えることもできる。しかし、院内でタオルやティッシュペーパー、寝巻も下着も洗濯代もなかったら、どんなにみじめな思いをするであろう。あるケースワーカーは、高齢者が、部屋で飼っている犬に食事を与えていたので急迫していないと感じたというが、犬が

立法の担当者であった小山進次郎氏によれば、補足性とは、保護は自らの力で最低生活を維持することができない場合に行われるべきこと（第一原則）、民法上の扶養や他の法律で定められている公的扶助は、建前上生活保護に優先して行われるべきものであること（第二原則）である。第一の原則的事項が資本主義社会の基本原則の一つである自己責任の原則に対し、生活保護制度が補足的役割を担うということを意味しているのに対して、第二の原則的事項は、この制度が他の公的扶助制度に対して補足的役割を担うものであることを意味するもので、ともに「生活保護制度の捕足性」と呼ぶべきものとして

食べているから、その人も食べるものがあると考えることができるだろうか。

急迫という言葉にこだわり過ぎてはならない。決定権は現場担当者にある。やっていいのである。決定権があるということは、誤った判断の責任も及ぶということである。ならば、不測の事態を避ける方向で決定をするべきであろう。

急迫した場合というのは、補足性の規定に限らない。

また、「これによりがたいとき」などの例外規定も同様に考えて決定すべきである。判断が甘かったら、是正すればよいことである。訂正のきかなくなる事態のほうを恐れるべきである。※42

045 保護とは、扶助だけのことではない

生活保護法は、「この法律による保護」あるいは「保護は」という言い方で原理・原則を規定したのち、第十一条で「保護の種類」として、生活扶助に始まる八種類の扶助※43を定めている。

しかし、保護とは扶助だけのことであろうか。

私は、夕方福祉事務所にたどりついた住所のない母子については、緊急入所先となる女性相談センター※44や母子寮※45（母子生活支援施設）を決定して移送していくこと、病気の路上生活者が来所した場合には、病院に入院依頼をして、その病院

いる（小山進次郎『生活保護法の解釈と運用（復刻版）』一一八頁）。

しかし、この考え方については反論がなされてきた。生活保護制度を社会保障制度の一環としてみることは、生活困窮を自己責任だけでは割り切ることができないものという認識に立っている。自己責任原則に対する補足性を問題にすれば、生活保護制度を社会保障制度の一環としてみるための基本的拠り所が失われてしまう。また、現実の実施要領の運用にみる、資産の活用や扶養の取扱いにおいては、補足性は恣意的、慈善的となり、対象となるのは「どん底に落ちた人」や「特殊な人」にならざるを得ず、制度の目的とするところと

まで同行移送をすることが保護であると考えている。

こういう人たちには、何か申請があったら該当する扶助を決定すればいいという対応では、何らの意味をなさないからである。このような場合、居所の確保や入院先の手配などが、最も緊急かつ重要な「保護」に該当する行為である。

しかしまた、ある公立病院に入院した統合失調症の患者さんについては、病棟からおむつを買ってきてほしい、金銭管理をして病院までその都度必要な額を届けてほしいと言われる。こういうことが、保護の仕事なのかと疑問に思う場合もある。

この制度の立案者の一人で元厚生省社会局長・小山進次郎氏は、その著書『生活保護法の解釈と運用（復刻版）』（全国社会福祉協議会、一九八五年）の中で、「ケースワーク」も保護の内容であり、そのケースワークは、法律技術上の制約から法律に規定することができなかったが、むしろ保護の実体的部分が「法外の事実行為として」行われる場合があると述べている。

いずれにせよ保護とは、生活保護法にもとづく各種の扶助のみと考えてはならない。保護の目的を達するために行われる援助は、合理的な範囲内ですべて生活保護法にもとづく保護である。

このように考えていかないと、最もこの制度による救済を必要とする人たちが、かえって制度から除外されてしまうことになる。

つまり、住所不定者が要保護状態にあるとき、住所がないのだから住宅扶助を

矛盾するとしている（籠山京『公的扶助論』六一～八六頁、光生館、一九九〇年）。

42 ただし、本人の意思によって、受給中の年金を担保に貸付けを受け、その金をすべて消費してしまったというような場合などは、急迫した状況以外に、別の視点から判断がなされることになろう。

43 八種類の扶助
すべての扶助は、法第十一条に規定する八つの扶助のいずれかに、その根拠を有している。

▼法第十一条 保護の種類は、左のとおりとする。
1 生活扶助
2 教育扶助
3 住宅扶助

する必要がないと考えるのではなく、最低生活保障の中身として居所を確保することを、まず初めに行わなければならないということである。

そうしなければ、生活保護制度ではなくなってしまう。

またこのように、この制度が社会福祉の制度としての機能を持たざるを得ない場合があるのなら、ケースワーカーの行う「扶助以外の保護」機能は、福祉事務所という組織においても認識されていく必要がある。認識とは予算措置のことでもある。

保護とは扶助だけのことではない。

これは私たちの存在証明でもある。

046 申請はFAXでも有効である

生活保護法は、第七条に申請保護の原則[※46]を定めている。

これは、申請できる人の範囲を定め、原則として保護が申請にもとづいて開始されるとしているから、申請しなければ何もしてくれないということになり、一見すると実に不親切な規定のように考えられる。

しかし、これは全く逆であって、他の福祉法のように申請規定を持たない法律と比べるとむしろ画期的なことである。つまり、申請をする行為が権利として認

4　医療扶助
5　介護扶助
6　出産扶助
7　生業扶助
8　葬祭扶助

44　女性相談センター

「緊急の保護や自立のための援助が必要な女性の相談に応じ、助言・指導や援護を行う施設として、都が設置している。なお、女性相談センターは婦人相談所の機能も持っている。

業務内容

①生活全般の相談、助言、指導

②医学的判定、心理学的判定、職能的判定

③婦人保護施設、一時保護所などへの入所」

〔以上、『社会福祉の手引き九八』（東京都）より引用〕

められているのだから、申請しているのに法律にしたがって決定がなされないときは、法律上の争いに持っていくことができるということにほかならない。

したがって、本人または扶養義務者・同居の親族が生活保護を申請したいというとき、これを妨げる何らの要件規定もないということになる。

遠方の兄から、一人暮らしの妹が精神病の状態で生活にも行き詰まっているので生活保護をお願いしたいという手紙が届いたら、これは生活保護の申請をしたものと認められる。

入院している患者が福祉事務所に、病院のＦＡＸから保護申請の意思を伝えたとして、それは有効であろうか。

生活保護申請は、不要式行為[※47]である。口頭の申請も有効である。

しかし、生活保護法施行規則第二条は、申請について所定の事項を記載した書面の提出を規定しているではないか、との反論もあろう。確かに、法第八十四条は「実施のための手続きその他執行について必要な細則」を施行規則に委任している。しかし、これをもって病院内の患者からの口頭による申請を無効などと解することは本末転倒である。なぜなら、手続きを定めた施行規則によって、上位の法の原則を無効にすることはできないからである。〔二〇一三年の法改正で申請手続きが法定化された（法二十四条）（▼注47参照）。詳しくは「増補版へのあとがき」参照。〕それでは、双方の解釈をどうすればよいのだろうか。

簡単なことである。字の書けない人や、両手のマヒでペンを握れない人は生活

なお、婦人相談所とは、売春防止法により同法による要保護女子に対する上記の業務内容を行うために、都道府県に設置が義務付けられている機関のことである。

45　母子寮（母子生活支援施設）

「配偶者のない女子又はこれに準ずる事情にある女子及びその者の監護すべき児童を入所させて、これらのものを保護する施設」とされている（児童福祉法第三十八条）。一九九七年に児童福祉法が改正（九八年四月施行）され、名称が母子生活支援施設となり、単に保護するだけでなく、自立の促進のためにその生活を支援する機能が加わった。

保護申請ができないのだろうか。ケースワーカーが代わりに書けばいいことではないか。

再び小山進次郎氏の『解釈と運用』をひもとくと、次のような記述がある。「筆記能力のない申請権者が市町村役場を訪れ申請の希望を表明したら係員が本人に代わって必要事項を記載し本人に読みきかせた上でその書面に記名押印させこれを受理する」。「申請は要式行為ではないから、申請書の記載が整理されていなくても所要の事項がつくされて居れば、たとえそれが手紙の形を採っていても（このような場合にはその手紙に記載された事項の中から申請書の必要的記載事項を要約して作成しその旨明示しておけばよい）、申請として受理すべきである」。

ＦＡＸは存在せず、一般の人は電話を持っていなかった時代の記述であることをあえて言わなくても、届いたＦＡＸが申請としての意味を持ち得ることが了解できるものである。

ＦＡＸは本当に本人かどうかわからない（手紙も同じこと）、そう、それを調べるのも仕事である。

まして、法第七条但し書は、急迫した状況のときは、申請がなくても、必要な保護を行うことができるとしている。当然のことで、仮に、要保護者が意識不明の病状にある場合を考えれば、この「行うことができる」という規定は、「できる」というのだから、「やらなくてもいい」のではなくて、「行わなければならない」と読むべきことは明白である。

また、母子寮への入所措置を定めた、同法第二十三条には、「付近に母子寮がない等止むを得ない事由があるときは、適当な施設への入所のあっせん、生活保護法の適用等適切な保護を加えなければならない」とある。

経済的事情にかかわらず入所できる。

46　申請保護の原則

▼法第七条　保護は、要保護者、その扶養義務者又はその他の同居の親族の申請に基づいて開始するものとする。但し、要保護者が急迫した状況にあるときは、保護の申請がなくても、必要な保護を行うことができる。

そうなれば、すべて申請人の申請行為とは、要保護者の存在を福祉事務所に知らせ、生活保護を実施する義務に協力している行為と考えることもできる。どうして協力者に冷たい対応をできようか。

047 MSWからの電話を申請とみなすべきときがある

ときどき、病院のMSW（医療ソーシャルワーカー[48]）が怒っている。入院中の患者のために、福祉事務所に生活保護の申請意思を伝えても、福祉事務所は申請とみなしてくれない。本人の意思を確認できないと言ったり、あるいは福祉事務所の担当者が出向いて申請書を受け取った後でなければ、生活保護の申請があったという取扱いをしない、と言われたという。ケースワーカーの訪問を待っているうちに、どんどん開始年月日は、遅れていく。

確かに、生活保護の申請は代理になじまない行為である。

しかし、一般に法律行為において、他人の完成した意思表示を伝達する者（手紙を届ける者）と他人の決定した意思を相手方に表示する者（口上を伝える者）として「使者」という概念が認められている。[49]

一方で手紙による申請を有効とするならば、MSWを、本人の機関として本人の意思を口頭で伝える使者として取り扱っても何ら問題がないことになろう。

47　**不要式行為**
　例えば婚姻届のように、決められた様式で行う必要のないもの。
　二〇一三年の法改正で申請手続きが法定化された（法第二十四条第1項）が、要保護者が急迫している状況にあるときは、保護の申請がなくても必要な保護を行うべき（法第七条但書）とされ、同様の場合に、すみやかに職権をもって、保護を開始すべき（法第二十五条第1項）とする規定は変更されていない。したがって、制度の原理・原則に変更のないこともふまえれば、申請手続きが法定化されたことをもって、申請権に関する本文の趣旨が変更されるものでないことはいうまでもない。

特に、生活保護申請の場合には、短い期間の後に必ず実態調査が行われ、そのときにMSWの電話連絡の真偽が明らかになり、もし、これが誤りであったならば、初めから申請がなかったことにすれば実務上の混乱も生じない。もし混乱が生じるとするなら、MSWとの信頼関係、電話連絡に対して調査が迅速にされているかどうかなど別のところに問題がある。

逆に、もしMSWに使者としての事実行為を認めないとするなら、病床にある患者の申請権に対して、申請に応答する義務のある実施機関との関係性のなかで、どのような合理的な理由を提示することができるだろうか。

それより、申請を「認めるかどうか」、そんなところでやりあうのはおろかなことである。そういう職員の意識は、社会福祉の基本認識の有無の問題だけでなく、古い行政法認識に原因がある。申請の受理というのは本来、こちらが受けますという意思表示をしなくても成立するものなのである。※50

時間を有効に使わなければならない、もっと肝心なことでしっかり議論をするために。

048 挙証責任はこちら側にあり、申請者側に協力義務がある

申請が出されると調査が行われることになるが、はっきり言って要保護状態に

48 医療ソーシャルワーカー(medical social worker)

保健・医療機関等に従事するソーシャルワーカーをいう。疾病や心身障害等によって生じる患者や家族の諸問題、具体的には経済、職業、家庭生活等の問題を調整・解決するために、社会保障、社会福祉サービス等の社会資源を紹介・活用して患者・家族が自立できるよう援助する。

厚生省健康政策局に設けられた検討会により、一九八九(平成元)年に、医療ソーシャルワーカー業務指針が報告書として提出されている。

(『社会福祉用語辞典』厚生省社会・援護局、児童家庭局監修、一九九四年 より引用)

あるのかどうかよくわからないことがある。例えば、資産はないというが本当はあるような気がするとか、同一世帯ではないと言っているが実際には同一のように思う、などという場合である。

こういう場合、調査を尽くしても、相手の主張をくつがえす事実を証明することができなければ、申請者側の主張にしたがって決定せざるを得ない。

つまり、生活保護法を適用するときには、実施機関の側に、決定理由たる事実を証明する責任（挙証責任）があるということである。

申請という行為がなされる。これは申請権の規定にもとづいたもので、これに対して、実施機関には法第二十四条にもとづき一四日以内に書面で決定通知すべきことなどの応答義務が課せられている。

一方で、申請者には法第二十八条[※51]により、調査・検診を応諾する義務があり、実施機関にはそれを実施する権利があり、法第二十九条（▼注11参照）により調査の嘱託・調査の報告を求めることができる。

さらに、申請に対して開始・変更・廃止決定や却下などの「決定」を行う権利が、一方的に実施機関の側に与えられている。

こうしてみると、実施機関の側に申請内容にもとづき決定する際の挙証責任があり、申請者の側に協力義務があるということができる。

だから、相手方が「生活に困窮している」と言えば、こちら側が、困窮していないことを証明しないかぎり保護の開始決定をしなければならない。

49 内閣法制局法令用語研究会『法律用語辞典』五七八頁、有斐閣、一九九三年

50 昔は、「行政庁が適法なものとしてこれを受理したときに、その受理の効果として、行政庁の内容的審査義務が発する」とした田中二郎氏の学説を学んだものだが、今日では「それが行政庁の行為である受理によって生ずるとみるのは合理的でない。したがって申請の到達の効果として行政庁の内容的審査義務が生ずる」（塩野宏『行政法Ⅰ』二八六頁、有斐閣、一九九一年）とする考え方が通説となっている。

そのかわり、いくら困っていても、相手方が理由なく訪問調査を拒否したり、調査に協力しないようなことがあれば、保護申請を却下せざるを得ない。

今後、ますます生活保護に関する争訟も増えていくことと思う。

常に、そういうことを意識した上で、調査の技術や生活保護法解釈のセンスを磨いていく必要がある。

049 福祉事務所には出かけていく義務がある

一九九六年に東京のある地域で、食べるものがなくて餓死した家族があり、地域の福祉事務所の対応が問われた。また、実際には東京都内で数年間に何十件という餓死者がいるという、東京都監察医務院のデータも報じられた。

ある区では生活に困窮している人を「発見」したら福祉事務所に通報してほしいと、銭湯に広報文を貼り出した。

野生動物でもないのに「発見」とはなんだと思う人もいるだろう。

しかし、町村長が「要保護者を発見」したときは、すぐに福祉事務所に通報することと法第十九条第七項[※52]にもある。

社会福祉法は福祉事務所の現業を行う所員について規定した同法第十四条において、福祉事務所の職員というのは「援護、育成又は更生の措置を要する者等の

51　法第二十八条（調査及び検診）（法改正による変更あり）。

保護の実施機関は、保護の決定又は実施のため必要があるときは、要保護者の資産状況、健康状態その他の事項を調査するために、要保護者について、当該吏員に、その居住の場所に立ち入り、これらの事項を調査させ、又は当該要保護者に対して、保護の実施機関の指定する医師若しくは歯科医師の検診を受けるべき旨を命じることができる。

②前項の規定によって立入調査を行う当該吏員は、厚生労働省令の定めるところにより、その身分を示す証票を携帯し、且つ、関係人の請求のあるときは、これを呈示しなければならない。

家庭を訪問し、又は訪問しないで」などと規定している。

これらの条文は、実施機関は、常に地域の状況に注意を払うべきであることを前提にしている。

その昔厚生省は、福祉事務所は「座して書類を作成したり、許認可の事務をしたり」する「いわゆるお役所ではなく」、「迅速性・直接性・技術性」を備うべき住民に直結した現業サービス機関であると言い、消防・警察・保健所の例を引いて説明したことがあった。※53

また生活保護法では、要保護者が急迫した状況にあるとき職権をもって保護を開始しなくてはならないと規定した法第二十五条（職権保護の規定）は、福祉事務所としては、ただ申請を待っていればいいというものではなく直接地域に出かけていくべき義務のあることを明示していると解することができる。

本人はもちろん民生委員や病院のソーシャルワーカー、あるいは地域の住民が福祉事務所に、訪問してほしい、生活に困窮している人がいるなどと連絡してきた場合、福祉事務所はこちらから出かけていく義務があるのである。

もっとも、だから福祉事務所は大変なんだ、ということにはならない。福祉事務所はもともと、そういうところなのである。

そういうところなのに、力を出し惜しむと、倍になって返ってくるようなところがある。

どんどん、前に出ていこう。そうすることで周囲にたくさんの協力者が現われ

③第一項の規定による立入調査の権限は、犯罪捜査のために認められたものと解してはならない。
④保護の実施機関は、要保護者が第一項の規定による立入調査を拒み、妨げ、若しくは忌避し、又は医師若しくは歯科医師の検診を受けるべき旨の命令に従わないときは、保護の開始若しくは変更の申請を却下し、又は保護の変更、停止若しくは廃止をすることができる。

52 法第十九条第七項
町村長は、福祉事務所の長（以下「福祉事務所長」という。）が行う保護事務の執行を適切ならしめるため、左に掲げる事項を行うものとする。
一 要保護者を発見し、又

てかえって仕事が楽になる。それがまた、この仕事の面白いところでもある。

050 生活保護を受けることが自立になる場合もある

生活保護制度の目的は、健康で文化的な最低生活保障と自立の助長であって、これは第一条で規定されこの制度全体の原理でもある。

そこで自立とは何かが問題となる。

再び、小山進次郎氏によると、人はすべてその中に自主独立の意味においての内在的可能性を持っているので、その可能性を助長育成してその人に相応しい状態で社会生活に適応させることこそ本当の意味で生存権を保障することになり、それが自立ということになる。つまり、その人なりに、依存的にならず社会に参加しながら生きていくこと、などと解することができようか。

「惰民防止」のために付け加えられた規定に、五〇年も前にこのような解釈がなされている。[※54] その後、障害者運動などの歴史の中で自立の概念はさらに深められている今日でも、十分通用する考え方ではなかろうか。

さて、我が福祉事務所ではどうであろう。自立とは保護の打切りのこととなっている。

「自立助長ケース出してください」

は被保護者の生計その他の状況の変動を発見した場合において、すみやかに、保護の実施機関又は福祉事務所長にその旨を通報すること。

53 「新福祉事務所運営指針」厚生省社会局庶務課、一九七一年十月

54 小山進次郎、前掲書、九二頁〜

係長は年度初めに担当者たちに呼びかけることになっている。一人の担当者で二～三件の世帯を抽出して、別に書類を作って一年間重点的に自立を図るために上司に提出するのである。さらに、一年後には、何件自立できたか報告書にして上級庁に報告することになる。担当者は「はいわかりました。誰か自立しそうな人はいないかな」と言って、打切りにできそうな人を探すことになっているのである。

自立とは廃止のことではない。

それでは、どうすることが自立なのだろう。それを考えるのがこの仕事ではないか。

さいわい、自立が何なのか実施要領には載っていない。

051 自立を保護の要件と解してはならない

自立を、保護の打切りと考えてはならないことは当然だが、打ち切らないまでも積極的な意味で、それが制度の目的を具体的に実現する援助であるなどと、過剰に意識してはならない。

自立自体は保護の目的であって要件ではないからである。

つまり、打ち切ろうとする気はないとしても、保護を受けたからには、何か自立に向けての計画をつくり、援助をしなければならない、結果としてできるだけ廃止になるように「指導」するべきである、という考え方に立つべきではない。

もちろん、今の制度からやるべきことをやらなくていいというのではない。例えば、障害基礎年金を受けられて、適当な就労ができて保護基準を上回る人がいれば、手続きを進めるよう援助するべきである。しかし、精神病院を退院して、グループホームから作業所に通い、この先普通の会社で働いてみたいと思っている若い人に、とにかく障害基礎年金をもらえるよう主治医に頼んでみようなどというのは、本末転倒ではないかと思う。

こういう考え方、つまり常に何か援助をすべきなのだという考え方がこうじると、何か自立できない人というのは価値の低い人と感じてしまうことになろう。

次に、自立を社会に参加することだとか、生活の質を向上させることなどととらえる場合はどうだろう。福祉事務所による、ある具体的な援助が、「自立を助長する」ことになるかどうかの判断は、誰がするのだろうか。

例えば、地域にある知的障害の青年が住んでいる。日常生活能力が低く、部屋は汚れ放題、金銭管理ができずに、友達と称する人たちから生活保護費をたびたび巻き上げられ、家主からは部屋代のことでいつも怒られている。

こういう人について、担当者は「空気もきれいな郊外の施設に入って、椎茸でも栽培していたほうが絶対にいい」と、決定することができるだろうか。

私は本人が賛成しないかぎり、できないと思う。現行法の規定（法第三十条※55）

55　法第三十条（生活扶助の方法）

生活扶助は、被保護者の居宅において行うものとする。但し、これによることができないとき、これによって保護の目的を達しがたいとき、又は被保護者が希望したときは、被保護者を救護施設、更生施設若しくはその他適当な施設に入所させ、又はこれらの施設若しくは私人の家庭に養護を委託して行うことができる。②前項但書の規定は、被保護者の意に反して、入所又は養護を強制し得るものと解釈してはならない。

も、そのようになっている。

それ以外にも、なんとか被保護者の自立を図ることが仕事であるとする積極的な考え方で、いろいろな指導が行われることと思う。しかし、このような考え方をするときでも、それを保護の要件としてはならない。自立については本人の価値判断をもとに援助しなければならない。

なぜなら、生活保護受給権は社会保障受給権であって、人権であるからである。自立はどうあれ、まず生活保護を適用することが我々の義務なのである。

要件を満たすかぎり、ただ保護を受けていてよい。

自立は、その結果でよいではないか。

052 二種類の指導・指示がある

生活保護世帯は自立させなければならない、自立できない理由があれば仕方がないが、とにかく何か指導・指示を出さなければならない、何となくこんな考えを持っていないだろうか。

法第六十条は「被保護者は、常に、能力に応じて勤労に励み、支出の節約を図り、その他生活の維持向上に努めなければならない」（法改正により変更あり）と規定している。被保護者とは通常の社会生活から逸脱したものであるという前提にたった規定である。

これは、法第一条に自立助長を図ると規定された保護の目的と連動して、被保護者に対して指導・指示を行う根拠となっている。

例えば、体が不自由で、家事が思うようにできず、部屋も非衛生的で栄養状態も悪いような高齢者に対して、ホームヘルパーの申請をするようにという指導をしたり、金銭管理のできない被保護者に対して、扶助費を（担当者に）預けて、週ごとに取りにくるようになどの指示が行われる場合がこれにあたる。

また被保護者には保護を受給するための前提として、法第四条の補足性原理にもとづく、資産・能力・扶養義務・他の法律などを活用することが義務づけられている。そこで、収入の申告を行うように、あるいは公共職業安定所に行って求職活動するように、などの指導・指示が行われることになる。

前者の指導・指示は、「生活の維持向上のため」のものであり、後者は「保護要件を充足するため」に指導・指示が行われるものである。

手続き的には、どちらも「生活の維持、向上、その他保護の目的」を達成するために「指導・指示をすることができる」とする法第二十七条を根拠としている。法第六十二条によれば、最終的に被保護者がこれに従わないときは、保護の変更・停止・廃止ができるとされる。

そこで、生活の維持向上のための指導・指示についてはその違反行為に対して不利益な決定を行うことはできず、保護要件充足のための指導・指示に対する義務の不履行は、保護の廃止にいきつくものと解することができる。
しかし現実に、アルコール依存症の患者に対してなされる「専門医療機関に受診し自助グループに通うこと」などの指示は、ただちに保護要件として扱われる傾向が強く、また労働可能となった被保護者に対する就労などの指示は、生活の維持向上・自立助長の部分と保護要件の部分が一体となって行われている。[※56]
我々が意識すべきは、このように指導・指示には二種類の要素があること、そして、保護要件に関する部分については、特に慎重に行うこと、また、これが書面によってなされる段階では、行政処分として直接、不服申立、取消訴訟の対象となるのだということである。[※57]
なお法第二十七条は被保護者に指示ができるとしているので、開始前に本条にもとづく指示はできないので注意を要する。資産や収入の申告義務などは指示の効果ではなく申請者の義務である。

053 できないことを指示してはならない

「仕事を見つけて、働くこと」

口頭による場合は別として書面によって指示を行うときに、こんな指示をしてはならない。仕事を見つけることはともかく、働くということは相手のあること

56 嶋貫真人「生活保護における行政裁量とそのコントロールについて」、『社会福祉研究』七三号、鉄道弘済会、一九九八年十月

57 平成二年（行ウ）第一号保護変更処分取消等請求事件判決（秋田・加藤訴訟、一九九三年四月二十三日）において、「法二十七条にもとづく指導指示であっても、場合によってはその内容が被保護者に対し一般的抽象的に生活上の努力義務を課するにとどまることもあり得る」が、「本件指導指示の内容は、本件預貯金〇〇円について弔慰の目的以外の支出を禁止するものであると認められるから、抽象的努力義務を定めたに過ぎないとは到底いえない」、

である。したがって、いくら何も努力をしない被保護者がいたからといって、雇う人がいないのにどうすればいいんだ、と言い返されてしまう。

こんな指示内容では、後で行政処分として争訟になったときに到底司法審査に堪えることができない。

「職安に月に何回以上行って、求職活動の内容を報告すること」

こういう言い方をすれば、不履行があったときに目に見える形で挙証することができる。

次に指導と指示はどう違うのか。指導とはある目的を達するために行われる強制的な性質を有しない行為をいい、指示とは、ある事項を端的に示す強制的性質を有する行為をいうとされている。※58

しかし前述（▼052）の保護要件充足のための指導・指示という考え方をとるならば、強制力があるかないかということは、当を得た説明とは言えない。それがどのような（前述二種類のうちのどちらの）指導・指示であるのかが、より重要となる。

むしろ就労指導を受けるということは相手方から見たら就労の指示のことで、実務上はほとんど同じものとして使われている。

ただ確かに指示といえば相当具体的な行為の強制であるのに対して、指導というとその指示の前段階としてのプロセス総体を表していることは明らかである。

つまり、職安に行くようにというのが指示なら、その指示に至るやりとりが指

したがって「本件指導指示は原告の法律上の地位に直接影響を及ぼす行政処分ということができる」とした。

58 小山進次郎、前掲書、四一五頁

導ということである。例えば「あなたはもうそろそろ働ける状況にありますね」ということを確認し、主治医の考えも調査し、何より本人をその気にさせ、就労時間とか就労先の探し方などの条件を具体化していくやりとりが指導の過程ということになる。

ただ言えることは、指導がうまくいかないと的確な指示は出せないにもかかわらず、この指導ということが一言で言って難しい課題だということである。

その理由は我々の考え方と、被保護者のニーズが対応していないということにつきる。法にもとづく指導に従わないのであれば、保護を切ってしまえばいいというのもひとつの考え方であろう。

ただ、私は我々の考え方がそれほど正しいと思いきれないし、またそう簡単に強制措置がとれるものでもないと思う。

そもそも福祉事務所が高いところから一方的に、多くの苦労を経験した人生の先輩たちに、指導などできるのであろうかという思いが強い。

だから我々にとって指導とは、一段と磨きをかけるべき技術である。本当に、してもらおうと思ったら研究しなければならない。

「働いてください」などと千回言ったからといって、就労指導になるわけではない。まず働いていない理由の分析にもとづき、働けるような環境づくりを行い、働いた場合の利益、働かない場合の不利益を情報提供すること、さらに働かない場合の不利益処分を着実に進めることにつきる。

例えば、その人が面接に着ていく服や履いていく靴がないときは、あなたはどうしているだろうか。あるいはその人が働いたときの利益を、いくつあなたは自分の言葉で情報提供できるだろうか。就労指導は保護を打ち切るためのものと思い、それが相手に伝わっていないだろうか。

働きだした人の収入申告を、すぐ「処理」してはならない。あなたの「都合」で収入認定が遅れ、働いた喜びを形にして返す「工夫」をしているだろうか。やってみようと思わせることを指導という。

もっとも、それでも働かない人はいくらでもいる。言うは易し行うは難し。大きなことを言い過ぎた。

054 クーラーを持っていても保護できる

記録破りの猛暑の夏にその事件は起きていた。ある関東の市で、福祉課のケースワーカーから、「ルームクーラー」の撤去を求められ、取り外した生活保護受給中の一人暮らしの女性（七十九歳）が、「四〇度を超える暑さの室内で脱水症状で倒れ、四〇日余りも入院していたことがわかり」、市議会で取り上げられたことなどが新聞紙上で報道された。一九九四年九月八日のことである。

この事件がその後各マスコミを通じて全国を駆け巡り、生活保護行政に関するマイナスイメージをさらに増幅したことは言うまでもない。

実はこういう悲劇は今に始まったことではない。最近でもある地域の友人のケースワーカーから聞いたが、やはり生活保護世帯のクーラーを取り外しに行ったのはそれほど古い話ではないというのだった。

この問題は基準と手続きという二つの視点から整理をしておく必要がある。ひとつは資産の保有限度という基準の問題、他のひとつは具体的な保護の決定過程における手続き面から見た、資産の取り扱い方の問題である。

前者については、実施要領（▼042参照）を検討することとなるが、次官通達においても社会局長通知においても、ルームエアコンについて保有を認めないといっている規定はなかったということである。

むしろ次官通達においては「処分することができないか、又は著しく困難なもの」や「社会通念上処分させることを適当としないもの」は保有していていいといっているのである。

この種のもの、つまりルームエアコンのようなものは社会局長通知の「4．生活用品」の中の「（4）その他の物品」に分類されるもので、利用を認めても「当該地域の一般世帯との均衡を失することにならない」と認めれば保有を認めていいと言い、それは当該物品の当該地域における普及率[※59]七〇％を基準として福祉事務所に判断が任されているのである。

次に手続きということで言えば、仮に保有を認めないとしても、一体どこに

59　ちなみにこの種の物品の普及率などというものが、どうすれば客観的にわかるのだろうか。逆に言えば、福祉事務所がそうだと言えば、それでいいということなのである。

「クーラーを取り外せ」という指示ができる根拠を示し得るだろうか。

法第四条の補足性原理にもとづく資産の活用とは、金になるものは売って生活費にあてろということである。仮に一〇万円の価値のあるクーラーがあっても、それは現金がそれだけあるということではない。売りに出さなければならないということである。

決して、個人の財産に直接手を加える強制力を有するものではないということである。

福祉事務所のなすべきことは売却の指示であって、売れるかどうかは別の問題である。指示を受けた被保護者が、取り付けたクーラーを外して売ってくれる業者を探してお金に換えて申告した時点で、福祉事務所は収入認定をすることとなる。ちなみに取り外し工事費や業者の手数料を差し引いた中古のクーラーの処分価値は、果たして収入認定すべきほどの額になるのだろうか。

その後、実施要領には「寝たきり老人、身体障害者等のいる世帯が、当該寝たきり老人等の身体状況又は病状からルームエアコンを利用している場合」は当該地域の普及率が低い場合でも「社会通念上処分させることを適当としないもの」として保有を認めてよい旨の規定が問答形式で追加された。

これで、高齢者がクーラーを持っているから保護を受けさせない、というケースワーカーはいなくなったと思う。

しかし、問題は解決したわけではない。

あいまいな基準のもとで、制度と手続きに関する正確な理解がないと、第二第三の「クーラー事件」がいつ起こらないとも限らない。

055 世帯単位原則より、補足性原理が優先する

さて、新規申請が出たので訪問調査に行ったところ、申告された世帯員以外にも家族がいて、その人だけ別でお願いしたいなどと言われて戸惑うことがある。兄と弟が同じ屋根の下に住んでいるが、建物の構造が入り口も別になっていて、電気・ガスなどのメーターも別になっているなど、別世帯として認定しやすい場合もあるが、どうも簡単に割り切れない場合も多く、この問題は実に心を悩ませるものである。

生活保護法は、第十条で世帯単位の原則を定め、実施要領においては、その言葉の意味を説明している。

すなわち、次官通達においては、居住と生計を一にしている者は原則として同一世帯と認定し、居住を一にしていない場合でも同一世帯として認定すべき場合があることを規定している。

次に、社会局長通知は、居住を一にしない場合でも同一世帯認定できる場合と、さらに同一世帯である場合でも世帯分離して保護実施できる場合とを限定列挙し

ている。

しかし、どのような場合について居住を一にするといい、あるいは生計を一にするといえるのかについては一切言及していない。

そこで訪問調査の際に、「この人とは全く別の生活をしているのです」、などと言われるとどのように判断していいのか、全くわからなくなってしまうのが現実である。

例えば、精神障害の弟が兄夫婦の住宅の二階に住み、兄は、弟とは「別の世帯」だと主張する。こちらとしては、同一世帯であり、したがって要保護状態にないという考え方を伝えることになる。

しかし、兄は、福祉事務所が同一世帯だといって保護を実施しないのなら、「弟を家から追い出すことにする」から、「(そうすれば保護に該当するだろうから) 福祉事務所で部屋も借りてほしい」、などと主張することがある。兄は、相当程度の収入があり世帯分離要件には該当しないことは承知しているが、初めから別世帯として弟のみ保護を受けさせてほしいと言っているのである。

確かに、この人の場合、居住を一にしていても、今まで作業所工賃と、親が残してくれた預金を少しずつ消費しながら生活してきたのだから、生計を一にしていないということになり、初めから別世帯として認定せざるをえない。まして、この事例は兄が新築をきっかけに、せめて住むところだけでも、との肉親の情から弟に部屋を提供していたので、結局別世帯として、決定した。

しかし、実の親子で同一家屋に住んでいながら、生計が別だから別世帯であるとか、母子世帯のアパートに共同生活する「友人」男性を別生計だから別世帯なども認定できるだろうか。

事実彼らが本当に別生計だとしたら、どうすればいいのだろう。

世帯単位原則については、概念そのものがあいまいなうえに、要件事実そのものを挙証することが困難である。したがって、この原則の中で法を適用していく際は、これをもうひとつ上位の補足性原理に合致するように考えていく必要がある。

つまり、親子で同じ家屋に住み別生計などの主張は、補足性原理の中の扶養義務者の扶養の優先という原理が優先することにより、無効とされなければならないということである。

いずれにせよ、居住と生計の同一、このことばかりに気をとられてしまうと、現実からかけ離れた決定をしてしまうこととなる。

実施機関の実力が問われるところでもある。

056

推定される同一世帯では、これを否定する場合申請者側に挙証責任がある

しかし、もう少しこの問題について考えてみよう。

仮に、別世帯を構成する夫婦で一方が生活保護の申請をするという場合があっ

たとして、申請者側からのそのような主張が認められるであろうか。

実施要領では夫婦間および親と未成熟子間においては居住を一にしていなくても同一世帯として認定するように言っている。「就労のため他の土地に寄宿している場合」という限定がついているが、夫婦の場合は居住を一にしていなくても同一世帯だと認定していいと言って生計関係のことを問うてはいないのである。

つまり、夫婦の場合婚姻関係が事実上破綻した場合は別として、私たちは別生計ですという主張は認められないと言っているのである。

また、小山進次郎氏は『解釈と運用』の中で世帯の解釈について「家計を一にする消費生活の一単位」としながら、「住居を同一にすることは必ずしも必要でない」、「夫婦親子等は仮に住居が異なっていると認定されるような場合でも反証なき限り世帯を同一にするという推定を受ける」こと、「夫婦、親子その他の直系血族又は兄弟姉妹が同一の住居に生活しておれば反証のない限り同一世帯に属するという推定を受ける」などとしている。

これは今日そのまま妥当するかどうかは別として、考え方としては一定の範囲の扶養義務者の場合には、実態ではなく両者のあるべき関係性に着目して保護を実施するようにと言っているのである。

これは、今日でも夫婦ということで言えば一応理に適ったことである。つまり仮に夫婦がお互いの契約で別生計にしているという主張をして、事実実態がそうであったとしても、それを認めて夫婦のどちらか一方の「困窮」に対して保護の実施をすることはできないということになる。

ならば、今日の実施要領にいう居住と生計の二要件にもとづく世帯概念をどのように解すればよいのかという疑問が生じることと思う。

それは、歴史的にみて、生活保護制度における世帯単位原則とは民法にもとづく扶養義務者（▼注9参照）の概念（すなわち補足性において要求される範囲）をさらに拡大してきたものに他ならないということである。※60

つまり、こういう扶養義務者同士の場合は同一世帯であらねばならないから一まとめにして要否の判定をしよう、しかし、そういう論理で強制できない場合でも実態がそうなら、これも一まとめにして適用することにしよう（そうすることで保護費を節約できる）という場合に使われる概念である、ということである。

したがって世帯を考えるときに、それが推定される同一世帯であるのかないのかをまず検討しなければならない。夫婦がこの範囲（推定される同一世帯）に入ることは通常承認されることであろう。

この推定される同一世帯の場合で、そうでない（同一世帯でない）と申請者が主張するときは、申請者側にそうでないことの挙証責任があると考えられる。

問題はいずれも成人した兄弟姉妹親子などの関係の場合である。親子で同一家屋に居住しているが生計は別である、兄弟で同じ部屋に住んで扶養しあってきたが来月から生計を別にしたい（この頃こういう人たちが増えているが）、こういう

60 「我が国の家族制度は形式的には消滅したが、現実的には夫婦親子の範囲を超えたより大きな生活の共同体が社会生活上今なお現存しており、これを簡単に無視することは適当でないので、構成員相互の関係は一応これを度外視し、現実に世帯としての機能を社会生活上営んでいるものであればこれをそのまま受け容れて生活保護法適用上の単位とすることにしたのである」（小山進次郎、前掲書、一三三頁）

主張が認められるものであろうか。

私は現行法の運用においては、このような人たちの場合は推定される同一世帯に該当するものと解釈するほかないと思っている。

しかし、扶養義務者の範囲を広げようとして考えられた世帯概念が、今日の現場ではかえってその範囲を狭める方向で解釈される傾向にあるのは面白いことである。

057 扶養義務者には、直接会って話をする

世帯認定と並んですっきりしない問題のひとつが扶養義務の問題である。法第四条には民法に定める扶養義務者の扶養は、生活保護に優先して行われるものとするとしている。
これは、扶養能力のある扶養義務者の存在をただちに受給資格の欠格とするのではなく、扶養義務者の扶養が行われる限度において保護をなさないという優先順位の問題であると解釈されている。[※61]
また、扶養義務の履行というのは、請求する方と履行する方の微妙な関係性のなかでその内容が自ずと定まる、きわめて個人的なことでもある。当然福祉事務所がこの程度でどうだろうと言って、判定できるものではないこともわかる。

61 小山進次郎、前掲書、一一九〜一二〇頁

しかし、現実の被保護世帯をみると大学まで出してもらった息子たちが何人もいるのに、全く扶養を受けず生活保護費のみで生活している人がいたりして、新人のケースワーカーは戸惑ったりがっかりしたりすると思う。

そこでこの問題はどう考えればいいのだろうか。

まず、扶養義務が微妙なきわめて個人的な問題であり、しかも福祉事務所が裁判所ではないとしても、ただ何もしなくていいということにはならないということである。福祉事務所が扶養義務の判定をできないということは、法律の解釈あるいは学説の問題であって、我々にとってはその先の話が問題なのである。

申請があったら「息子さんはこのことをご存じですか、援助は受けられないのですか」と聞かなければならない。そして、話の渦中に入って、どのくらいの援助が受けられるのか調査しなければならないからである。調査をしなければ事実認定ができず、保護の決定をすることができないからである。

しかし、あなたは五万円くらいは毎月送金してもらうべきだ、そのくらい請求しなさいなどと言うとしたら、担当者はどういう関係性を認定して、何を根拠に、どういう立場でそういうことが言えるのだろうか。

あるいは、「別れた男に頼れるくらいならこんなところに来るわけがない。福祉事務所は私に嫌がらせをして申請を取り下げさせようとしている」と、母子家庭の母に思われてしまっても困るのである。

そこで私はとにかく、本人が扶養の請求をでき、結果について当事者が福祉事務所に申告できる状況の場合には、扶養義務履行の請求が義務（保護の要件）であることを情報提供した上で本人たちに任すことがベターだと思う。問題は、親子でも母子家庭でも、本人たちが接触したくもないと思っているときである。

そういう場合には、ケースワーカーが直接当事者に会えばよいと思う。会って相手の意思を確認することである。こういうことがケースワーカーの仕事である。

一言で扶養といっても金の問題だけではなく、それ以外の具体的な援助を受けられるかどうかの問題でもあるからなおさらである（▼030参照）。

実務においては、当事者に任せつつ職権で当事者に会う、これがいいのである。しかし現実に、扶養は受けたくない、したくない、高齢者の扶養は国家が行うべきだと考えて、口裏を合わせる老親と息子にはどう対抗すればいいのか。保護受給に至った老親に、息子に対して扶養料請求の法的手段をとるよう指導・指示を行うという方法が考えられるが、今の仕事量を考えると果たしてどれほど有効かは疑問である。

こういうところまで考えることは、ケースワーカーの職務の範囲を超えている、できれば制度の組立ての中で解決してほしい、そう思ってよいのではなかろうか。

058 稼働能力を「有り」「無し」で考えないこと

さて、補足性原理として保護の要件を規定した法第四条の中で、最も判断の難しいものは、「能力」すなわち「稼働能力」の活用がなされているかどうかの認定である。

実施要領は、申請時の要保護者または、被保護者に稼働能力ありと判断されるときは、それぞれ助言指導、指導指示を行うように規定し、また、「稼働能力の有無につき疑いがあるとき」は、法第二十八条にもとづく検診を命ずるように定めている。そして、これらの、助言指導、指導指示に従わなければ、同様に申請の却下、または最終的な保護の停・廃止の決定が行われることになっている。

しかし、実施要領では、「資産」の場合のように、どのような場合に、稼働能力があるのかないのかという例示や、いかなる考え方でこの課題に取り組むべきかという判断の指針などは示されていない。

福祉事務所では、身体障害者手帳（あるいは精神保健福祉手帳）などで明らかに就労が困難と認められる場合[※62]のほか、通常この判断を医師（通常主治医）の診断に求めている。

しかし、逆にいうと、障害の等級が低い場合、「職安に行って求職活動するよ

62　身体障害者手帳などについては、実施要領に、何級以上が稼働能力がない、などと規定されているわけではない。ただ、身体障害者手帳三級（療育手帳なら中度、精神保健福祉手帳は二級）以上であれば、障害者加算の対象ともなり、このような手帳を持っていれば稼働が制限されること、就労指導は難しいと、認識されているものと思われる。

うに」という就労指導がなされる場合が一般的である。「低い等級」の場合、上級庁の監査において、「なぜ、この人は（この程度の障害で）、就労していないのですか」という指導がなされることを、ある程度経験を積んだケースワーカーが予測しているからである。[※63]

一方、傷病の場合には、入院している場合は別として、どのような病気であれ、主治医の意見を求めることになり、主治医が「稼働不能」と言えば働けない、「軽労働可」と言えば「軽労働しなさい」と指示を出すことになっている。

しかし、風邪や歯痛でも働くことができなくなるときもあれば、ある種の障害の人たちは身体障害二級の手帳を持ちながら、ほとんどの人が就労して、保護受給せずに暮らしている姿を見かける。あるいは、「身体上又は精神上著しい障害があるために日常生活を営むことが困難な」（法第三十八条第二項：救護施設対象者について記述した条文）はずの被保護者が生活する救護施設で、刺繍や椎茸栽培が行われていたり、頸椎損傷で電動車椅子を使用しながら、診療をしている医師に出会ったこともある。

稼働能力とは何だろう。私が主張したいことは、稼働能力を推定するためには、その人の全体的な状態像の把握が不可欠であるということである。

このことを理解する最もわかりやすい例は、介護保険の準備作業として、すでに行われている高齢者福祉の援助過程である。一人の要介護度を推定するために、アセスメントシートに何項目の調査[※64]が用意され、調査から会議まで、何人の関係

63　もちろん、ケースワーカーたるもの、障害をその等級だけで、重い軽いなどと評価すること自体、障害を持つ当事者たちのひんしゅくをかうことは承知しておいてほしい。

64　介護保険の調査項目は、

者がどのくらいの時間をかけるかを思い出すことである。手帳の等級や、たまたまかかった医師の、たまたま罹っている病気の診断のみで、その人の後の運命を左右する「稼働能力」を「判定」してしまう、我が生活保護法の何と大胆なことであろうか。

まず、疾病や障害の結果として、働く能力が問題にされる以上、ケースワーカーとして、WHO（世界保健機関）の「国際障害分類試案」にもとづく、障害の概念[※65]をふまえておきたいと思う。（WHOは二〇〇一年にこれを改訂し、ICF（国際生活機能分類）と改称している。注65は当時の概念を説明。）

その上で、ケースワーカーたるもの、障害名や病名を聞いたらそれがどんな状況を意味するものか、研究しなければならない。つまり、どういう障害なのか、どんな病気なのか、そういう状態にあることで、必要な生活環境とか、療養の仕方など、ケースワーカーとして考えられる援助をイメージするということである。下段の三つのレベルも意識して、課題を整理してもらえれば、なおいい。

とは言っても、私たちは初めからケースワーカーだったわけではないのだから、難しく考えなくてもいいと思う。初めて聞く病名に出会ったら、まず家庭用の「医学事典」から始めてみよう。

仕事ができるかどうかの前に、それはどんな病気で、どうなってしまうのか、どうすれば治るのか、療養生活はどうするのか、体を動かしていいのか、安静にする必要があるのか、どのくらいの頻度で病院に通い、どのような治療を受ける

本人の病気、障害から、経済、住環境、家族や地域の人間関係、利用可能な社会資源など、生活全体に及ぶ。

65　障害の概念

障害は疾病（disease）の結果として引き起こされるものであり、その障害は次の三つのレベルに分けられる（参考、『障害者福祉論』社会福祉士養成講座三、四四～五三頁）。

①機能・形態障害 (impairment)

②能力低下 (disability)

③社会的不利 (handicap)

すなわち、脳梗塞という病気になり、マヒになり、知的能力が落ち、失語症になるという機能障害が起きると、食事、歩行、意思疎

のか、それらに要する時間、どんな薬を飲むのか、副作用はどうなのかなど、まず調べてみたらどうだろう。

突然ケースワーカーになったからといって、いきなり主治医に「稼働能力ありますか」「統合失調症って何ですか」「糖尿病って働けますか」、君がもしこういう聞き方をしていたら、この仕事をなめている、もう少し勉強してほしい。

例えば、ある日自分の父親が急に具合が悪いと言いだして病院に行って、帰ってきたときに父親の病名を聞いたときの息子、あるいは生まれて間もない赤ん坊を検診に連れていって、何かの病名を告げられたときの母親のような気持ちになって調べたらどうだろう。

働いていいかどうかの結論は、私たちが、その人の病状を理解していく過程のなかに自ずから明らかになってくる。主治医への直接的な照会は、やむを得ない場合に限るべきだ。

その前に、福祉事務所に来てくれる嘱託医※66に、医療要否意見書やレセプトを見てもらいコンサルテーションを受けるのもいい。

「稼働能力あり」だからといって、すぐ働けるかどうかはその人のおかれた状況によるのである。「稼働可能」でも、保護が必要な場合はいくらでもある。

簡易宿泊所に泊まって土木工事の現場に出かけていく日雇い労働者の場合には、たとえ風邪や歯痛などという「病気」だけでも実質的な「稼働不能」となって、路上生活を余儀なくされ、死にいたることさえある。

通などができなくなるという能力障害がもたらされる。この能力低下の結果として、仕事先を失ったり、自分の行きたい所に行けない、友人ができない、差別される、などの社会的不利が引き起こされる。

また、各レベルに対しては、それぞれ治療的、代償的、環境改善・改革的なアプローチが有効とされる。例えば、マヒ（機能障害）に対して機能回復訓練を行い、歩行の障害（能力低下）には装具や車椅子を使用し、通勤のアクセスを確保し、職場では事務室のトイレや階段を改造し、周囲の人の意識の変化を促すことにより、それぞれのレベルの障害をなくしたり軽減することができる。特に、社会的一方、かつて私が受け持ったある青年は、全身の皮膚が角質化する先天性の皮膚病でも、「稼働能力」は十分ある。福祉事務所に来たときには痒みのためにかきむしった体のあちこちから出血している状況であったが、その後生活保護を受けてアパートを借り、飲み薬のほか毎朝シャワーを浴びて皮膚を洗い、その上から塗り薬を塗って一日を始める環境を整えることができた。

彼は、働きたくて毎日のように仕事を探している。なかなか見つからないが、私のしたことは、彼のする病気の話を聞いていたことである。一度も「検診命令」を出したことはない。

医師の診断のとおりに、保護の要否を判断してはならない。

059 稼働能力とは、取引の結果のことである

働くか働かないかは、本人のプライベートな問題であって、本来は自己決定にもとづくべきことである。しかし、だから稼働能力の問題は、本来は判定するとか、有るとか無いとかの問題ではないと言っているのではない。

そのプライベートな問題が、生活保護の受給要件（行政処分の要件事実）となっていることで、問題が複雑化している。また、労働できるかどうかを、たまたま罹っている病気の診断などで一義的に明らかにできると単純に考えることで、結果不利の態様は、社会環境により大きく規定されると言われている。

このように考えてみると、働くことができないということは、疾病や障害のために今までにできた動作や思考が困難（能力障害）となって、単に「仕事ができなくなった」というだけではなく、そのような能力障害を軽減、あるいはそのような状況でも就労できる労働環境の改善などの努力がなされていないために引き起こされている事態とみることもできる。そして、その努力とは、社会的に解決されるべき課題でもある。

したがって、「稼働能力の有無」とは、単に医学的な体の状態、その意思の有無、その人にふさわしい仕

果として制度で保障された受給権を侵害してしまう。

そこで、稼働能力の推定は、ケースワーカーがいかに勉強し、いかに個別的状況に対応するかにかかっている。

前項において私は、そういうことを言いたいのであるが、同時にそんな綺麗事で済まないこともわかっているつもりである。それは働く能力がありながら、その努力をしない人の場合である。中には病気でもないのに、様々な「症状」を訴えては何らかの診断を受けてしまい、その都度検診命令を出して「病状」を主治医に照会しなければならないような、対応に苦しむ事例もある。

しかし、そのような、労働の能力について見解が相手方と対立する状況にあるとき、問題は、実施体制の側にあると私は考えている。病気である場合もない場合も、その人がどのような状態にあるのかをふまえた上で、医学的な根拠にもとづいてまず労働能力を証明する機能が福祉事務所に与えられていないということである。

検診命令という方法があるではないかと言われると思うが、これは肝心なときには無効である。例えば、㊡ケースのような場合、どうして国立でも公立でもない一民間病院が、一枚五千円足らずの診断書のためにあえて危険をおかし行政の責任を肩代わりする必要があるだろう。つまり、偶然担当した医師がどうして一般の患者の順番の合間に、背中に刺青を背負った男の恨みを買うような診断書を書かなければならないかということである。

事の有無などの個人的要素だけでなく、障害者や病気の人たちを取り巻く社会的状況という要素も深くかかわった問題でもある。

もちろん、毎日治療の時間が必要であるとか、病状的に働けるかどうかの判断、また、働く意思やそれまでの職業の能力など、個別の事情も十分把握した上で社会的状況をふまえるということになる。

病気の症状と機能障害とは別の概念で、稼働能力の問題をすべて、障害の三つのレベルとの関連で説明するつもりはないが、どちらの場合であっても、この問題は、有り・無しの答えを求めることではない。とにかく、考え続けることに尽きるのではないかと思う。

本来は、行政の責任で医学的な判定を行う機能を実施機関に与えていなければならないはずである。別に、所内に常勤医を配置せよなどと言っているわけではない。公立病院に協力してもらうなど、必要なシステムを創って予算措置をすることなしに、一枚五千円の診断書では、その程度の効能しかないということだ。だから、そういう場合に担当ケースワーカーが責任を感じる必要は全くないということである。

しかし、ここでも、だから何もしなくていいということではない。

まず、医療機関の協力を得るために彼らに責任の及ばない方法で病状調査をするということである。例えば、できるだけ口頭で病状を聞くこと、あえて労働能力を聞かないことなどである。何を聞けば、そのことが労働能力を推定できるかについては、嘱託医の協力も得ること。

働く能力があるにもかかわらず、その努力をしていない場合で、きっちりとその病状の把握ができたら、あとは取引である。

まず、福祉事務所は、その病状に関する見解や、以後調査権や指導・指示権を駆使して必ず保護廃止の手続きを進める旨を、相手に伝えることである。その上で、本人が就労に向けて努力する場合に、就職支度費などの一時扶助や収入認定の仕組みなど、努力をしない場合の不利益と対比させて、就労が本人の利益になることを説明すべきである。

本人が、福祉事務所の提案に乗らない場合は、どんなことができるのか。働か

※その後の障害の概念については、二〇〇一年五月に国際生活機能分類（ICF）で、WHOの総会で採択された新たな概念の整理が行われています。

66 **嘱託医**

福祉事務所長は、生活保護制度について理解のある医師のうちから嘱託医を委嘱することになっている。これは、一年ごとに更新するが、再任を妨げない。また、一般の嘱託医のほかに精神科嘱託医も設置することとなっている。

嘱託医は、査察指導員、地区担当員等からの要請にもとづき医療扶助の決定、実施にともなう専門的判断及び必要な助言指導を行う。なお、医療扶助以外の扶助

ない理由もよく分析しなければならない。担当一人の判断で、組織としての意思を持たない、出たとこ勝負の形式的な対応が最もいけない。

自分は、やり手の営業マンと取引をしている、そう思って仕事をしよう。もちろん、交渉打切りも取引の選択肢の一つである。指示義務違反の廃止もやむを得ない。

根気よく取引しているのに、監査官から機械的に、「十分病状把握を行った上で早急に就労指導を行うこと」などと指摘を受けることが多い。それでも、くれぐれも自分が悪いと思わないこと。

五千円で病状把握ができれば、こんな楽なことはない。

あせる必要は全くない。我々は常に、常識ではできないことをしているのだから。

060 「あるべきこと」は「できること」ではない

生活保護ケースワーカーをしていると、不安な思いを抱くことが多いと思う。

まず自分に対しては、訪問の日数が少ないとか、同僚に比べて事務処理が遅れているのではないかなどと常に強迫観念に追われる。その結果自分にも厳しくなるが、相手方にも誤った対応をしてしまうことがある。

において医学的判断を必要とする場合も同様である。

具体的職務内容は、医療扶助に関する各申請書等の内容検討、要保護者についての調査、指導または検診、医療券・診療報酬明細書等の内容検討、医療扶助以外の扶助についての専門的判断及び必要な助言指導である（医療扶助運営要領第二より）。

八〇件もの世帯を担当し、定期訪問、変動の事務処理に加え、必要な援助や緊急の事態への対応などをとどこおりなく行うことができるわけがないのである。

次に、お客さん（被保護者）に対しては、働く能力があるのに仕事をしていないとか、実際の家賃が基準を上回っているので低い家賃のアパートを探して移るように指示しているのに、全く転居の予定が立っていないときなど、監査で指摘されたらどうしよう、他の担当者に比べて自分は、きちんと仕事をしていないのではないかなどと考えてしまう。

仕事を探しているのに、なかなか見つからない人に頻繁に「まだ働かないのか」などと言ったり、転居指導している老人に、「毎日不動産屋を回って結果を報告するように」などと言うのは嫌がらせになっていると思う。

立派な息子たちが何人もいるのに、どうして扶養義務の履行をしていないのか、監査で指摘されても焦ることはない。まず扶養していないのは私でなく彼らだということだ。

扶養できるかどうかという文書照会をしているのに、していないのは何か理由があるのである。その理由は何なのか。調べるようにと指摘されたら、やればいいということに過ぎない。「扶養できるはずだから扶養させるように」などという指摘は、明らかに経験則に反している。

「こうあるべきだ」ということは、「そうできる」ということではないことを知るべきである。

061 住所不定を理由に保護を拒否してはならない

唐突に当たり前のことを言うのは、住所のない場合に保護を受けさせない取扱いをしている福祉事務所が多いからである。[※67]

マスコミのインタビューに答える福祉事務所の管理職は「住所不定者はどこにいるかわからないので二重に保護を受けてもわからないので保護できないのだ」などと発言することが多い。とんでもないことである。新人諸君はこういうわけのわからない上司に惑わされてはならない。

「住所のない人は退院したら保護を受けられないのですか」「患者が福祉事務所から退院と同時に保護を打ち切ると言われているのですが」

病院のソーシャルワーカーから、私あてに入る電話相談の中で最も多い質問である。

法第十九条第一項はいわゆる住所不定者を「居住地がないか、又は明らかでない要保護者であって、その管理に属する福祉事務所の所管区域内に現在地を有するもの」として、その人の今いるところの福祉事務所に実施責任があるとしている。二重に受けてもわからないから保護しなくていいなどと、どこにも書いていない。

67 裁判になった有名な事例に「柳園訴訟」(①)がある。東京でも住所がない人の場合には、「退院即廃止」の取扱いをしていた例(②)が報告されている。
① 『泣き寝入りはしない』柳園人権裁判を支援する会、一九九三年
② 拙稿「アンケート・住所不定者に対する生活保護法の適用をめぐって」、『東京ソーシャルワーク』No24、一九九四年四月

退院して、帰来先がないようではどこにいるかわからないので保護のしようがないというのも、本末転倒である。つまり人間らしい生活を保障するための制度の運用にあたるものが、本人がその基盤を持っていないから適用しないということになるのであって、自分の義務を棚に上げて、自分がやりたくないから、相手に資格がないと言っているに等しい。

どうしようもなければとりあえず簡易宿泊所でも公園でも居所を定めて、どうして保護を実施しないのか。

実は生活基盤をほとんど持たない「住所不定」の人こそ、ケースワーカーの技術が問われ、最もやりがいのある場合なのである。

062 住所不定の人に敷金を出すときは、不動産屋までついていく

しかし、住所不定の人たちを差別してはならないということは、彼らに対して一般の世帯と違った取扱いをしてはならないということではない。

例えば、住所不定の人から住宅扶助の一時扶助として「敷金等」の申請があり、アパートを借りるためにまとまったお金を支払うことがあるが、こういう場合はケースワーカーが契約に際して不動産屋まで同行するとよい。彼らの中には、今まで所持したことのない大金を受け取った動揺と、初めてアパートを借りて生活

することになる不安などから、ときどき扶助費を持ったまま行方不明になってしまう人がいるからである。

こういうときこそ、相手の身になればすぐ気がつくことだ、ぼくだって逃げるかもしれない。

また、差別してはならないからといって住所のない人にすべて一律に「敷金等」の決定を行う必要もない。その人がアパートを借りて生活できる状況にあるのかどうか、簡易宿泊所での生活の様子などを参考にして決定すべきである。過去に何度も保護実施中に行方不明となってしまった経歴のあるような場合など、申請があったからといって安易に決定できないのは当然のことである。

ある区のケースワーカーは平然として、「我が区の内規では住所不定者には敷金を出さない、住所不定者には何度か敷金を持ち逃げされたので当然のことだと思っている」と言うのだった。

つまり、差別すべきでないと、言うことは簡単だけれど、実際に現場でお金を持ち逃げされてしまうような仕事をしていたら、きっとそういう思いを持ち続けることはできないと思う。差別しないためにも技術がいるのである。

プロであるかないかということは、こういう小さな工夫をどのくらい積み重ねることができるかにかかっている。

063 費用返還義務規定（法第六十三条）の適用は、新たな処分である

法第六十三条は「急迫の場合等において資力があるにもかかわらず、保護を受けたときは」、「すみやかにその受けた保護金品に相当する金額の範囲内において保護の実施機関の定める額を返還しなければならない」と定めている。

すなわち資力があるにもかかわらず保護を受給した場合に、先行して実施された保護の決定処分自体は有効なものとしておき、[※68] ただ費用の関係だけは可能な限度で徴収しておくための返還義務を規定したもので救護法以来の規定である。

実際には保護の受給者が年金を遡って支給された場合や交通事故の損害賠償金が支払われたとき、あるいは福祉事務所の間違いにより基準に加算がなされていた場合などに、費用の返還を求めるための規定として機能している。

確かにすでに決定した処分自体を変更するものではないとされているが、法第六十三条自体は新たな行政処分であるということに注意する必要がある。

つまりかかった費用なのだから当然返してもらうという安易な意識ではなくて、それなりの合理的な基準にもとづいてしっかりと理屈付けをして決定をすべきだということである。

そう考えてみると間違って計上していた加算額について本条を適用して本当に

68 小山進次郎、前掲書、六四九・六五〇頁

いいのか、私は疑問である。

次に本条が「かかった費用」と言わずに「実施機関の定める額」と言っていることに注意をしなければならない。つまりこの規定は「全額を返還させることが不可能、或いは不適当である場合もあろうから」、そのかかった範囲の中で状況のわかる福祉事務所に決定権を委ねたと言っているのである。※69
もっとも、厚生労働省は法第六十三条にもとづく返還額を返還免除するときは「ケース診断会議※70」を開いて決めるように言っている。法の規定にもとづく決定についてその内部手続きまで注文をつけられているわけだが、みんなで決めるならよいというのだからよしとすべきであろうか。

ところで私は本条の規定は、同時に法第四条第三項を資力という視点からさらに具体化し、急迫等の場合には資力があってもかまわないということを再確認した規定として機能させてよいと思っている。

一般に福祉事務所としては資産価値のある何かについて、「そういうものを持っている場合は受けられませんよ」とか、「交通事故では生活保護は使えませんよ」と言ってしまうことがあると思う。

しかし、「あなたはこれだけ大きな家に住んでいるから保護はダメ」というのでは、法的な争いになったときに、一体何がダメなのか、法律上の論争に堪えないということである。

つまり、法的には申請者が急迫した状態にある場合、そういう言い方では違

69　小山進次郎、前掲書
70　**ケース診断会議**
複雑な問題を抱えているために、担当者の判断にもとづく通常の業務過程では処遇の困難な、被保護世帯の処遇方針を検討するために開催される職員の会議をこのように呼んでいる。

出席する職員は所長以下、地区担当員（ケースワーカー）、保護係長（査察指導員）、各福祉司、場合によっては嘱託医などである。単なる検討会でなく、この場で合議した事項については、その世帯に関して決定された福祉事務所としての処遇方針となる。

各福祉事務所に、「ケース診断会議開催要綱」がある。

法になる場合があるということだ。

　そういうときに積極的にこの規定を反対解釈して、ある程度の資力があっても保護を決定するということに使えると思うのである。

　たまたま正直に投機目的で買った山林があると言ってくれたら、（売って返すという約束で）開始決定すればいいのだと私は思う。（資産があっても）黙って受けていてわからない人はいくらでもいるからである。

　そういうとき、土地があったら駄目と言えば相手はそうかと引き下がるかもしれないが、そういう人にも適用していくことで私たちに力がつき、制度が一般市民にも理解されていくと思うのである。

　ただそのとき、特に急迫している状況とか、どこから保有限度を超えた資力の範囲となるのかなどの事実認定を明確にしていく作業がより必要とされることになろう。

　しかし、急迫した状況とか、保有限度あるいは返還額の決定などの場合の事実認定は難しい。所内の研究会がどうしても必要になる。

　なお、法第六十三条の適用を前提に保護を行うと、医療費についてはかえって相手が損をする場合があるので気をつけること。


この要綱がいかなる経過で作成されているのか、実施要領（生活保護手帳）、別冊問答集、執務手引書など、何をひもといても、全くその根拠を見いだすことができない。

　しかし、今から四五年前の通達のなかにすでに、「複雑で困難なケースについては、地区担当員の『診断会議』に附して討議検討を行うこと」とある（昭和二十八年四月一日、社乙発第四八号、社会局長通知「生活保護法実施における標準事務処理様式について」）。

　また、生活保護法施行事務監査の着眼点として、一九八五年頃から、暴力団関係者ケースや福祉事務所の組織的運営管理に関して、ケース診断会議の開催が強

064 処遇方針を決められない人がいてもいい

どこの福祉事務所でも担当ケースワーカーは保護開始決定の際に、必ず「処遇方針」というものを記述している。また監査のときにも「このケースの処遇方針はどうなっているのですか」などとその当否を問われることが多い。

そのほか、処遇方針は職場内のケース検討でも頻繁に使われる言葉で、ケースワーカーが日常的に意識している言葉でもある。

「処遇」とは「人の待遇の仕方」のことで社会福祉学においては、「インテーク→スタディ→診断→処遇（treatment）」という伝統的ケースワークの過程の中に位置付けられている「援助の過程」のことである。

もっとも、今日では「診断」は「アセスメント（事前評価）」に、「処遇」は「インターベンション（介入）」と言い換えられている。※71

処遇という言葉が、パーソナリティーに病理的な問題のあるクライエントを、援助者が治療するという考え方にもとづくのに対して、「インターベンション」は、問題はクライエントを取り巻く環境や、両者の相互関係の中にあり、援助者の援助とは、彼（クライエント）自らの問題解決過程に介入することであるという考え方にもとづくのである。※72

調されて今日に至っている（平成六年三月三日社援監第三六号「生活保護法施行事務監査並びに指定医療機関に対する指導及び検査の実施について」）。

しかし結局、それがいかなる手続き過程であるのか、診断会議という言葉以外に、厚生労働省からの明文の指示を今日見いだすことはできない。▼075参照

71 『社会福祉援助技術各論I』社会福祉士養成講座 九、九四〜九五頁

72 社会保障が生存権を実現する制度であり、社会福祉援助は個別的にこれを実現する過程と考えられるようになったからである。

したがって、処遇という言葉自体今日では非常に古くて問題のある考え方であるという認識をしておく必要がある。

しかし、言葉の問題はとにかく、処遇つまり実際の援助のためには「診断」または「アセスメント」が必要である。つまり、状況をどうとらえるのかという過程を抜きに「処遇」はありえない。いわば処遇をするということは、いかに状況をアセスメントするかということにつきる。

そうすると、問題は状況（人・病気や障害・社会的環境など）をいかに事実認定していくのかということに収束する。

また、方針とは、原則・主義・信条（principle）あるいは、めざす方向・目標（object, goal）を意味するが、援助の過程として考えると、ここでは、計画（plan）としてとらえるべきである。

そうなると、一体何をどうplanningすればいいのかという課題意識も必要である。

ここで、我が業界に戻ってみると実施要領等には、処遇方針についての定義はもちろん、何らの規定はない。なぜ、そういうことを決定しておく必要があるのかという根拠はどこにもない。※73

その一方で、厚生労働省の監査方針においては、その主眼事項の中の「保護の適正実施の推進」のほぼ第一番目の項目として、「ケースの実態に即した処遇方針の樹立と計画的な訪問活動の推進」がうたわれている。

73　一九七三年の東京都の「福祉事務所執務手引」によると、ケース記録には「処遇方針についての記録」を書いておくこと、「調査結果にもとづきケースに対する処遇方針をたて指導していく」とだけ記載されている。何を根拠に、どう方針を立てるのかという「方針」の記述はない。

その後、約二十年後の「執務手引」では、上記と全く同じ「調査結果にもとづいて、処遇方針をたて、指導していく」記述に加え、「処遇方針は被保護者自身の生活設計と無関係でないから」、「被保護者自身の生活設計や希望を聞き、また能力や資質を見きわめて、当初の処遇方針を見なおす」必要があるとした部さらに、処遇方針とは、やはりそれを「樹立」することは当然との前提に立ち、その内容の例示として、「稼働能力の活用等の指導」と「多様なニーズを有する高齢者等要援護世帯に対する指導援助」のふたつをあげている。

このようなわけで、処遇方針の記載がないというだけで監査で指摘され、処遇方針が記載されていれば、その方針に沿った指導の実績が指摘されることになる。

しかし、いずれにせよ処遇方針をつくるとするならば、どのような考え方によるべきであろうか。

保護の実施における二つの視点があることはすでに述べた。

したがって、当然処遇方針も二つの視点から、考えることになる。ひとつは、保護要件は充足されているか（①）ということであり、他のひとつは、それ以外に（本人のための福祉援助として）やることがあるか（②）ということである。

このように考えてくれば、この業界における処遇方針とは、これら二つの視点を個別の世帯に具体化する場合の計画である。

もちろん、監査方針においては①の「保護要件充足」という視点からの「指導」が強調されている。

しかし、このように処遇方針の樹立が、監査する側の強力な力を背景に実施されているということを意識しておかないと、方針の立て方如何では、自分で自分の首を絞めることになる。

例えば「病状把握を行う」。これでは、監査官は喜んでも処遇方針にはなって

分が加わった（『生活保護執務手引書（平成三年版）』東京都福祉局保護課、六〇頁、一九九一年）。

いない。本来は病状が把握されているから、保護が実施されている。これでは明らかに、やるべきことをしていないことの告白になってしまう。こういう場合は、［今後とも十分な治療を受けられるよう援助する］、としなければならない。[※74]
あるいは、［病状調査の上、就労指導を行う］ではなくて［病気の性質及び通院状況から就労は困難であるが、今後も十分療養できるよう生活指導を継続する］とすれば、挙げ足をとられずにすむ。[※75]
もっとも、そんなに処遇方針が必要不可欠なもので、「樹立」された方針はそれほど立派なものなのであろうか。
国民年金額が低いために生活保護を受給している人と、保護基準を上回る厚生年金額を受給しているために生活保護を受けていない人との間にどういう違いがあるというのだろう。生活保護を受けているというだけで、必ず「処遇」しなければならないと考えるより、ときには、処遇方針を決められない人がいてもいいと思っている。
○処遇とは、アセスメントである。アセスメントとは技術である。突然「処遇方針」を立てることはできない。
○処遇（介入）とは、援助である。援助は無理に行うべきでない。
○本人の希望を聞く・専門機関の判断を尊重する・利用する。
［（精神障害者に）障害年金を手続きさせる］→本当にそれでいいのか。本人は、障害者の手続きは嫌だと思っていたらどうするのか。主治医や保健婦、

74　本来継続中の世帯については、保護要件は充足されていると見るべきである。

75　もし、病状がまだわかっていないのなら、処遇方針に書くのではなく、ただちに調査を開始するほうが先だからである。

通所先の施設のワーカーはどう考えているのか。こういうときは➡「クリニック、共同作業所、保健婦等と連携し在宅の生活を支える」としたらどうか。

065 他法優先とは勝手に障害年金を申請することではない

「このケースは障害年金が受給できると思うので、受給資格を確認の上早急に手続きしてください」「本人ができなければ、あなたがやってください」

精神病で長期に保護受給していたり、知的障害の娘や息子が世帯内にいると、監査のときにこういう言い方をされることがある。何でも該当するものがあれば、「他法優先の原則」にもとづき手続きをすべきで、場合によってはケースワーカーが同意書をとって代行しなければならないという考え方があり、実際に行われている。

監査官も該当するものを手続きするのは本人の義務だと考えていて、本人がどう考えているのかを訊ねられることは全くといっていいほどない。

しかし私たちは、「今は作業所に通っているけど、障害者としての年金は手続きしたくない」とか、「この子は療育手帳を持ってはいるが今は子どもの頃に比べてずいぶん違っているので、そういう手続きはとりたくない」などという当事者の気持ちを打ち明けられることがある。

そういう場合はこの当事者の考え方にもとづくべきである。現場のケースワーカーに、社会福祉の援助は自己決定の原理にもとづいて行われるべきだという常識があれば、あるいは上級機関の職員にもソーシャルワークの基礎理論についての知識があれば、本人の意思にもとづかない障害年金の申請の代行などということは起こりえない。

また、こういう考え方は生活保護を受けていることがよくないことであって、他に方法があれば一刻も早く是正すべきであるという補足性原理の誤った解釈にもとづいている。

我が実施体制の不幸は、このような社会福祉援助の基礎理論を欠くことにある。

066 ケースワーカーが何でも代行しなくていい

区立の高齢者アパートを管理している住宅課の職員から、長期入院で退院できそうにない入居者について「家賃が払えないのなら免除申請を出してほしい」などと電話が入ると、なんで自分で病院に出向かないのかと思う。

年金課の職員は、一人暮らしの受給者の死亡を報せた私に、住民票を付けて受給資格の喪失届と証書の紛失届を出すように言い、高齢福祉課の職員はある被保護者が福祉電話を助成限度を超えて使用しているので超過額を支払わせてほしいと依頼してきた。

同じ区の職員からも、生活保護を受けた人はすべて人格を喪失し、ケースワーカーに任せればいいと信じられているようである。

当のケースワーカーたちも、何でも代わって手続きをするのが苦にならない心やさしい人たちである。年金の裁定請求を代行し、都営住宅の申請書を取りに行き代わりに書く、清掃事務所にゴミ袋を取りにいき配って歩くなどということをしてしまう。

年金の裁定請求手続きが難しいのなら年金課に相談係をおいて加入者に手続きを説明するべきである。都営住宅の申請書が難しくて書けないのならば住宅局が責任を持つべきだし、無料のゴミ袋を配るのなら体が不自由な人のところへ届けるのは清掃局の責任ではないか。

我々が何でも代行してしまうことで、かえって生活保護受給者の権利を侵害し、本来関係機関が担うべきニーズを消し去っている。さらに、自立を促すなどといいながら逆に彼らを半人前扱いし、依存の気持ちを助長し、ケースワーカー本来の仕事を見えなくしてしまうというおまけつきである。

どうして何でもかんでも、ケースワーカーが代わりにやらなければならないのか。

ぼくは嫌だ。

067 名刺代わりに基準額表を渡すとよい

初めて保護を受けることになった人や新たに担当することになった人に名刺のほかに、基準額表[※76]を渡すことにしている。生活保護というものが、客観的な根拠にもとづいて支払われるものだということを認識してもらうひとつの方法として、制度の説明などがやりやすくなり、こちらの立場を理解してもらいやすくなるように思う。

また、ときどき「この表に載っているこの項目の保護費をいただけないでしょうか」などと、こちらが気がついていなかった需要を申告され、なるほどと思わせられることもある。

担当地区の指定医療機関のリストなども作っておいて、先に渡しておくとよい。遠慮していたり、どこの病院に行っていいかわからず医療扶助の申請を切羽詰まるまでしない人がいるのである。「急に歯が痛むので、どこか診てくれるところを教えて。そのクリニックに電話もいれて」などと面倒なことを頼まれる確率が下がる。

とにかく相手方に日頃から情報を与えておくとよい。相手が自分と対立するものだと思ってはならない。こういうことでこちらの仕事がかえって楽になるのである。

76　基準額表

生活保護基準は、憲法第二十五条にもとづき国民に保障された健康で文化的な最低限度の生活水準の尺度として生活保護法により、厚生労働大臣にその決定が委ねられている。

この基準は、要保護者の年齢別、性別、世帯構成別、所在地域別、その他保護の種類に応じて必要な事情を考慮して定められ、毎年三月三十一日付、厚生労働省告示として官報に掲載される。

ある。

よいお代官になるより、情報を与えよ。

068 辞退届とは、お互いに得するときに使うもの

どこの福祉事務所にも、実施要領には載っていない「辞退届」という用紙が印刷されておかれている。生活保護が権利であるのにどうして辞退する人がいるのだろうか。これは何か裏があると思わなければならない。

けっして「あなたは勤労収入が増加したので、計算すると今後は月額三〇〇〇円しか出ません。手続きのほうが大変だから辞退したほうがいいんじゃないですか」などという使い方をしてはならない。

生活保護は権利なのだから、これをケースワーカー自ら否定するような使い方をすると、自分で自分の首を絞めることになる。私たちは、社会保障受給権という普通の権利を行使する人たちの援助を担当しているのである。

私たち自身が、本当は生活保護というものはできるだけないほうがいい支出なのだという意識で仕事をすれば、ただでさえ低い庁内の地位、もちろん社会的な地位の低下にますます貢献するであろう。保護世帯を減らせば減らすほど、人も金も減らされて、ますます忙しくなることに注意しなければならない。

年齢、家族構成、障害の程度、あるいは住居など、それぞれ個別の状況にある申請者に、具体的にいくらの保護基準が保障され、その人の収入と対比して、保護が決定になるのかどうかという判断はこの基準にもとづいて行われる。

この厚生労働省告示を、ケースワーカーの実務のために一枚の表にまとめたものが基準額表である。生活扶助基準が所在地域ごとに、級地別・寒冷地区別（それぞれ六区分）に分かれていたり、住宅扶助の基準が指定都市と郡部で異なっていたりで、各都道府県ごとはもちろん、その実施機関の属する地域により、基準額表が異なる場合もある。

それはともかく、どこにも使い方の書かれていない辞退届は、目先の忙しさを口実に自分が楽をするためだけに使ってはならないということである。

どういうとき使えばいいのだろう。

それを考えるのがプロケースワーカーではないか。

069 実施要領にないことは、やっていいということである

実施要領（生活保護手帳）はなぜこんなに読みにくいのだろう。

例えば、厚生労働省告示別表にもとづく「重度障害者加算」は、「特別児童扶養手当等の支給に関する法律施行令別表第一」に定める程度の障害の状態にあるため日常生活において常時の介護を必要とするものに、支給してよいということになっている。しかし東京都の運用事例集をみると、身体障害者福祉法別表の一級に該当するものには、やはり計上していいと書いてあるのである。それなら、はじめからそう書いてくれればいいじゃないかと思う。身体障害者手帳の一級の人には重度障害者加算を付けてよいと、どうして実施要領に書けないのか。

家具什器費という生活扶助の一時扶助がある。保護開始時や長期入院の後住所を新たに設定する場合に炊事用具や食器を買うための費用となるが、実はこれは七万円までの特別基準[※77]を申請することができることになっている。

しかし、この中の七万円まで出せるということについては本文（社会局長通知）の中にはなくて、実施要領（生活保護手帳）は最後の「資料」の章、「2．関連事項」の中の「5．都道府県知事、実施機関限りで設定できる特別基準一覧表」の中に活字のポイント数を落として載せているのである。（※その後の実施要領はさらに変更されていますので、金額等詳細は最新の実施要領『生活保護手帳』を参照して下さい。）

こういう例はほかにいくらでもあるのだが、問題は実施要領を読み違えると相手方に不利益を与え、我々もその責任を問われるということである。

ただでさえ読みにくい文章が、こうまで複雑な全体構造を持ち、いつまでたっても変わらないということは、実はこれはケースワーカーを困らせるためにあると考えたほうがよいのではなかろうか。そう思えば腹も立たずに、状況も読めてくるからである。

つまり、実施要領というものは上級庁からの命令・通達を寄せ集めたものだということだ。そして、これら命令・通達とはそれらが発せられた官庁の思惑や立場を最優先に考えて書かれているということだ。

したがって、実施機関の都合などは全く考慮されていない。

はっきり言おう、責任を取るのは今ここを読んでいるケースワーカーの君だ。そう、君の福祉事務所が責任を取るということだ。

そこで、実施要領に精通したからといって、我々自身これを楽しんではいけな

77 特別基準

保護の原則の一つとして、法第九条に規定される必要即応の原則にもとづき、一般の基準に対して特別基準が設定できるものとされている。

この規定は、保護の種類、程度及び方法は、要保護者の実際の必要に応じ有効且つ適切に定められなければならないこと、特に、保護の基準は、要保護者の年齢別、性別、健康状態の相違に応じ有効且つ適切に保護が行われ得るような方式のものでなければならないことを要旨とするとされている（小山進次郎、前掲書、二〇八頁）。

保護の種類・程度が基準と収入の対比の結果として定まり、保護の方法に関す

い。よくできているなどと感心してはならない。実施要領に負けてはならない。そのためには、実施要領の間隙を縫うことだ。実施要領に書いてないことは、勝手に決めていいということだ。実施要領にないことは、やっていいということだ。

もっともこれが一番難しい。

070 ケース記録は短めで、にぎやかなほうがいい

ケースワーカーとは記録を書く者のことでもある。新規申請の調査記録は、そのまま保護決定の根拠となり、決定後は、訪問やその後の調査、変更決定をするたびに記録を積み重ねていくことになる。

記録とは機関としての措置決定の根拠であり、日々その人を援助していくための情報である。

つまり、この人はどういう理由で保護を受けることになったのか、あるいは今までにどんな病気をしてどんな障害を持ったのか、どんな他の施策によるサービスを受けてきたのか、そういう情報を整理しておくのがケース記録である。

したがってこれを読むと担当者がいないときでも、その人が今なぜこの制度を利用しているのか、今日どんな対応をすればいいのかが見えてくるようでなければならない。

る本来の規定などを考慮すれば、今日では無用かつ存在意味不明の規定のように読めるが、この規定にもとづいて、特別の事由があって一般基準によりがたい場合に厚生労働大臣が特別基準を定めることができるとされている。

したがって、保護の実施機関に対しては、一般基準によりがたい場合に厚生労働大臣に対して、特別基準の設定を求める承認申請を行う義務が課されているとされる（前掲書、二二六頁）。

実施要領では、「要保護者に特別の事由があって前項の基準（各扶助の基準）によりがたいときは厚生大臣が特別の基準を定める」（厚生省告示第二）、「実施機関は、当該被保護世帯の処

生活保護のケース記録とは、その人の保護受給資格の挙証の記録である（①）とともに、具体的な援助の計画及び経過の記録（②）である。

そこで、生活歴を聞くときも、今この人に聞いている職歴は、今後年金の受給資格が発生するかどうかの検討資料になるのだ、ということを意識して聞かなければならない。

しかし、本当に必要なことだけ聞けばいい。

分厚い記録を書いて、いかにも仕事をしたと思ってはならない。例えば、友人だったら、聞いてみたいことがあってもあえて聞かないでいることがあると思う。つまり、自分の興味で聞いてはならない。最小限度に止める聞き方を工夫する必要がある。

りっぱなケース記録を書こうとして、信用を失ってはならない。

もっとも、口で言うのは簡単だが、実際には五年も十年も受給している世帯の記録をどう読み、何を書き加えていくのか、なかなか難しいものである。

受給期間の長期化している今日、フェイスシートが今にもはずれてしまいそうな分厚いぼろぼろになった台帳を手にすると、気分はケースワーカーというより考古学者だ。

次にケース記録とは、担当ケースワーカーの動きの記録でもある。

法的な決定にいたる過程はもちろん、入院患者から預金通帳を預かり、銀行で金をおろし、寝巻やオムツ、リハビリの靴などの買物をしていくら残金がある、

遇方針に基づいて判断した結果、必要不可欠な特別の需要があると認められる場合に限り」、特別基準の設定による費用の認定ができるとし、詳細な手続き規定をおいている。

実際には、住宅扶助の家賃に関する特別基準の都道府県知事承認額のように、福祉事務所長の判断で適用できるものもある一方、多くは、本文にある家具什器費の場合のように、特別の書類を作成して、都道府県知事（指定都市市長）に承認申請手続きを行う必要があり、適用には一定の時間と労力を要する。

（※二〇〇〇年四月以降、都道府県を経由しなくてもよくなっている。）

▼法第九条　保護は、要保

などという担当者が行った事実行為も記録しておくべきである。

つまり、記録はケースワーカーが自分の身を護るものでもある。

さらに、行政の情報公開制度が進み自己情報の開示を求める要求が認められるようになると、将来ケース記録を開示する場合も予想される。そうなるとできるだけ余計なこと、例えば制度上関係のないこと、根拠を明らかにできないこと、担当員の漠然とした感想などを書くべきではないということになろう。

そういうわけで、「小説」を書いている暇はない、必要最小限、短いほどよい。

さらに、ケース記録はもうひとつのやっかいな任務を負っている。監査のときにケースワーカーが仕事をしているかどうかの挙証資料になる（③）ということだ。つまり、「×月×日家庭訪問調査」という項目で、まず世帯主が在宅していたという記録を書くということは、その人が昼間家にいたという受給資格に関わること（つまり、その人が存在し、就労していないということ）を証明するとともに、ケースワーカーが職務としてそこに出向いたということを証明しているということだ。

さて、そういうケース記録をどう書けばいいのか。


その一、何でも書いておくこと。

家庭訪問や収入認定変更決定以外にも、電話がかかったこと、本人が事務所に医療券を取りにきたこと、収入について課税台帳との突き合わせ調査をしたこと

護者の年齢別、性別、健康状態等その個人又は世帯の実際の必要の相違を考慮して、有効且つ適切に行うものとする。

など、些細なことをたくさん書いておくとよい。そのほうが②の意味で役に立ち、③の意味でいかにも仕事をしているように見えるからである。

逆にその世帯についていくら仕事をしていても、記録が何もないと何もしていないことになるので注意しなければならない。※78

その二、あいまいなことを書いてはならない。

すべての意味において、はっきりわかったことを記録すべきである。わからないことは、はっきり調査すべきであるし、そこまでする気のないことは本来記録で触れるべきことではないのである。

その三、余計なことを書いてはならない。

その人の性格がどうだとか、権限を超えたこと（人の性格を判定する権限はない）、生育歴の中に今日の貧困原因があったなどと、わかりもしないことを書くべきではない。

また、受給資格が不確かになる可能性のあることは、はっきりするまで書いてはならない。仕事を増やすからである。

その四、前任者と逆のことを書いてもよい。

例えば前任者があいまいな決定をして、世帯の認定が間違っていると思ったならば、自分が担当者として見たこと、感じたことを書くべきだ。今までの保護の経過がおかしいと記録したら、今後どうするかは組織全体の課題とするべきである。前任者をかばう記録を書くことが最もよくないことだ。

78　特に監査官という福祉の素人から意味のない横槍を受けて仕事を混乱させられる前に、普段から積極的に「ケースと関わっている」という印象を与えるように、記録はにぎやかなほうがよいのである。

その五、長々と書いてはならない。

記録は事実を書くもので小説ではない。読むのが大変な記録によいものがあった例しはない。

その六、文章だけが記録ではない。

カメラを使うことだ。現場写真を撮るために私はレンズ付きフィルムを常に持ち歩いている。一例を挙げれば住居の一部が老朽化し住宅維持費の決定をする場合の調査でこれほど雄弁な記録があろうか。※79

071 現場に事実認定権がある。自分に証明力を与えよ

駆け出しの頃に、「寝たきり」で、熱が下がらないという高齢の男性を寝台車に乗せて、ある病院に連れて行ったことがある。ストレッチャーを押して外来に行くと、(こんな大げさなことをするなら) どうして事前に連絡して来なかったのかと外来の婦長(現・看護師長)に怒られた。次に診察のときに、「給付要否意見書」※80という用紙を出して、寝台車で来たこと、つまり「移送の給付」の「要否」を「証明」してくれるよう依頼したところ、今度はその医師が「勝手に来て、忙しいのにこんなものを書かせるなんて」と怒りだした。

今思うと、この医師の文句はもっともなことで、よいことを教えてくれたと思

79 ただし、新しい道具を使うときはデリカシーを持たなければならない、特に人を写してはならない。

80 **給付要否意見書**

医療扶助において、治療材料(松葉杖、コルセットなど)、施術(柔道整復)、移送などの申請があった場合、この書類を発行することになっている。指定医療機関及び取扱い業者において、所定の欄の記載を受け

う。特に給付要否意見書のことは、当時も事務所に帰って、先輩職員に「どうしてこんなものが要るんですか」と質問したことを覚えている。

さすがに今では入院時の移送で車を使うときなどはこういう書類は書いてもらっていないが、こういう手続きがなくなったわけではない。そもそも自分で車を必要としているのに、どうして他機関の他職種の「証明」が必要なのであろうか。情けないことであった。

福祉事務所が被保護者の入院に際して車を手配して病院まで送っていくことは、仕事として必要があってなされることであるのに、どうしてわざわざ仕事をやりにくくする手続きを介在させているのか、ということである。税金を使っているからこういうことが必要だというのなら、パトカーや消防車の場合も誰かに確かにパトロールしていたとか火を消したという「証明」をもらわなければならない。

こういうことはこのことだけにとどまらない。葬祭扶助の実施についても、必ず誰かの「申請」にもとづいて行うようにしていないだろうか。単身の被保護者が亡くなると、病院長や家主または民生委員の所までハンコを貰いに担当者が出かけていくことになる。なぜ家主が葬祭を実施して扶助を受ける形をとらないと生活保護費を支出できないのか。どうしてわざと仕事をやりにくくするのだろう。なぜ法律上認められた職権で実施しないのかと思う。

理由は簡単なことである。生活保護を「特別なこと」にしておけば、手続きが面倒だから、その分利用率が下がり金がかからなくて済むということだ。

て、再び保護の実施機関でこれを受け取って、それぞれの給付が開始される。

つまり、移送の給付の場合であれば、医師がその要否の欄に、診断名あるいは症状と、寝台車による移送を要する旨の記載をした後、今度は寝台車の業者が、走行距離と経費の見積りを記載する。福祉事務所に提出されると、嘱託医が承認印を押し、医療扶助として決定されると、その寝台車の会社に、福祉事務所に対する経費の請求書の用紙が送られ、これにもとづいてこの業者に扶助費が支払われるという仕組みになっている。

しかし、現実に車を使うとき、これらの過程が事後の処理になることは当然で

戦後イギリスにおいて、新しい社会保障制度の原理と体系を提起したウイリアム・ベヴァリジでさえも、「扶助は社会保険よりも何か望ましくないものであるという感じを抱かせるものでなければならない」[※81]と言っている。

とにかく、何でも他者を介在させる方式というのは、わざと手続きを難しくし、生活保護をやむを得ない特別な手続きの枠に押し込めておこうという国家の意思と、常に素人の集まりである福祉事務所の自信のなさのなせる業であると私は思っている。

もっと自信を持っていい。何でも自分の判断で実施していいのだ。自分に証明力を与えよ。

072 保護要件を満たさなければ、保護できなくても仕方がない

相当な額の年金を受給しながら、これを担保に借金をしてしまい生活できなくなってしまう人がいる。状況が急迫している場合特例措置として、保護を決定する場合がある。しかし、この年金担保による借入れがさらに行われ二度目の保護申請となると、これは再び特例的扱いをすることができない。[※82]

しかし、もう一粒の米もないので今度だけ何とかしてほしいなどと言われることがある。

ある。

なお、一般の医療扶助の開始につき申請のあった場合は、実情に応じて、医療要否意見書、保護変更申請書（傷病届）等を発行している。

81 『ベヴァリジ報告——社会保険および関連サービス』山田雄三訳、三六九頁〜、至誠堂、一九六九年

82 **借金の返済と保護の適用について**

保護の受給中に借金をすることは、原則として認められていない。（ただし保護開始前・受給後に借りた貸付金の償還金控除など、

あるいは何度指導・指示をしても就労の努力をしない父子家庭のお父さんがいて子どもがいる。お父さんの受給資格はすでに廃止すべき状況にある。しかし、保護を打ち切ってしまうと子どもがどうなるか心配で手続きを進めることができないということもあるだろう。

ときには担当員を威嚇したり、実際に暴力をふるうケースもある。

こういうときどうすればいいのだろうか。

一言で言って、生活保護の通常の原則にもとづいて手続きを進めるしかないということである。保護要件のない人を保護できなくて当然のことである。

世帯の中で子どもが要保護だから、世帯全体の保護を継続するなどということは、制度の運用にあたる公務員としての違法な職務行為である。法を曲げてでも保護しなければ死んでしまう、子どものために、本来はできない保護を継続せざるをえない、などというのは思い上がりである。福祉事務所のほかに、児童相談所[※83]という役所が存在していることを知らなければならない。

また暴力をふるう者は、保護の申請・受給という法律行為を行う意思を欠くものとして、保護要件がないものと解してよく、職権によりすべての法律行為・事実行為を中止していい。

福祉事務所は児童相談所でも警察でもないのである。生活保護がすべての責任を負う必要はない。

ならば何もしなくていいのだろうか。そんなことは言っていない。何でも生活

実施要領がごく例外的に認めているものもある。）問題は過去の借金である。

過去の借金の返済をするために現在の収入を充当し、そのために自己の生活が要保護状態になるという理由で、保護の決定を行うことはできない。

サラ金などの多重債務を抱える人や、年金を担保に借金をして自ら要保護状態を招いた人に保護を適用するとすれば、本来自助努力を前提とした制度の原理に反することになるからである。しかし、初めから法律の裏をかくつもりであったのか、やむを得ない事情で結果としてそうなってしまったのかは、なかなか判断が難しいところである。

むしろ、法が無差別平等

保護を出しておきさえすればいい、という考え方が誤りであるということだ。

それなら、困難な生活上の問題を抱えていても保護要件を欠く人たちに関わって、生活保護の適用ができないとき、どうすればいいのだろう。

そういうことを考えてしまうこと自体、我々がいかにパターナリズムにとっぷりと浸かっているかということの証明である。

073 争いになってもいい

実際には内縁の夫がいながら、母子世帯であることを主張して保護決定を求める人や、年金を担保に借金を繰り返し、借入金を消費したために生活に困窮して、保護の申請を繰り返す人がいる。

それぞれの人に、大変な事情があり彼らの側からすれば何の不思議もないところなのだろう。

しかし、事実と法にもとづき制度を適用する実施機関の立場からすれば、制度をその趣旨にそう形で守っていくこともまた、重要な任務のひとつである。

木造アパート二階の、三号室に「母子世帯」が暮らし、四号室には男性の「友人」が暮らしていたのだが、私の、「この人たちは同一世帯として認定すべきである」という調査結果に対して、当時の上司たちは、証明が不十分で、争いに

の原理（法第二条）を掲げていることや、現実の問題として保護をしなかった場合に事故が発生する可能性などを考慮すると、簡単に却下の決定を下せないのが実情である。

そこで年金の場合では、一度目はやむを得ないが二度目は認めないとしている運用上の取扱いもある。

しかし、これも、三度目は絶対にダメという意味において法的に正しいわけではない。正しいどころか、合法的に年金を担保にする制度にもとづき、そもそも、年金が本人の手に渡っていないのであるから、要保護状態であることにかわりはなく、保護しない理由を構成するほうが難しくなってしまう。

なったら勝てないから、保護決定するしかないと主張した。

ギャンブルの好きな、ある高齢者の場合は年金で借りた金がなくなったら働く、という暮らしを繰り返してきたのだが、最近は仕事に思うように就けないのに、借金をする癖だけが残ったようだ。年金額を収入認定せずに、全額扶助費の支給をする「特例措置」はすでに?回を超えていたが、最近は、自分は高齢で身寄りもなく一円の金もないのだから、福祉事務所は保護をする義務があると受付で大声を出したり、区会議員を連れてきたりするようになった。

ある上級庁の職員は、実施機関の職員の質問に対して、「現在年金は、年金福祉事業団法（※二〇〇二年三月廃止。「年金福祉事業団の解散及び業務の承継等に関する法律」に引き継がれている。）にもとづき、合法的に担保にすることができる。合法的に借金をして金がないのだから、要するに突き詰めていくと保護を実施しなければ、争いになったとき負けるのはこっちだ」と言うのだった。

たぶん、この職員の言うことは、正しいのだと思う。今までの生活保護法の考え方で言えば、弱い立場の人たちをいかに守っていくのか、そのためにかくかくしかじかの場合には、こういうふうに認定していい云々、という実務の体系が作られてきた。[※84]

「急迫した」状況のときは、職権保護を実施してよいという法の条文も、実施機関の行為を規定することで制度の目的達成が図られるとする考え方にもとづいている。

もちろん私は、こういう場合に保護を実施しない立場に立つが、理論構成の難しさと、実際の事例の中ではなかなか理屈どおりにはいかないのが現実である。

83 児童相談所

児童福祉の第一線機関として各都道府県、指定都市に義務設置されている（一九九八年五月現在、全国に一七四カ所）。

ここには、ソーシャルワーカー（児童福祉司、相談員）、心理判定員、医師（精神科、小児科）その他専門職員がおり、児童に関する各般の相談に応じ、専門的な角度から調査、診断、判定を行い、それにもとづいて児童に児童福祉施設入所等の措置を行っている。まだから、例えば世帯の認定や指導・指示など、制度運用の過程で、もし、申請者側が、「それはおかしい（実施機関の認定が誤っている）」と言ってきたら、どう反証していくのか、という発想は盛り込まれていない。

しかし、というべきか、だからというのか、制度を悪用または自分に都合よく拡大解釈する意図をもって申請行為を行う人たちに対して、私たちは何ら対抗する技術を持っていないのである。

重要なことは、争いを起こさない、訴訟に持ち込まれて負けることのないために、日々の仕事があるのではないということだ。法律を無難に執行するためにケースワーカーがいるのではなく、我々が仕事をするために、法律を使っているということを忘れてはならない。

争いになっても、やむを得ない。争いの方法はいくらでもある。

そう考えて仕事を続けていかないと、職員の士気が落ちる。

074 病院を選ぶことも医療扶助のうちである

家庭訪問をして回って、それぞれの家庭で福祉事務所に何か要望はないかというと「医者にかかりたい」という人がけっこういる。高齢者など特に、病院に行くのを我慢している場合が多い。

た、児童の一時保護を行っている（『国民の福祉の動向』一九九八年、厚生統計協会）。

したがって、養育やしつけ、不登校の問題や、療育手帳の交付、緊急に保護を要する場合の一時保護、あるいは遺棄や虐待を受けている場合の施設への入所措置など、児童に関するあらゆる相談を児童本人、家族その他地域や関係機関から受け付けている。

なお、児童福祉法（第二十五条）は、要保護児童（保護者のない児童または保護者に監護させることが不適当であると認める児童）を発見した者に、福祉事務所または児童相談所に通告する義務を定めている。

これは病院に行きたくても被保護者に予め医療扶助の受給者証のようなものを全く渡していないからである。病院に行くためには福祉事務所に出頭し、症状を述べて「医療券」を貰わなければならない。小さい子どもを抱えた人などは、休日に子どもが医者にかからなければならない事態になったとき大変な思いをすることになる。

医療扶助とは、なんという非人間的なシステムであろう。

さらに病院に行ったとしても、有形無形の自己負担も待っている。

入院したら、大部屋なのに一日何千円もの部屋代がかかるとか、洗濯をしてくれる家族がいない人は入院できないと言われたりする。もっともこれは病院医療の問題であって医療扶助の問題ではないが。

いずれにせよ、自分の条件に合った病院に行かないと大変なことになる。

病院の中には、保護を受けている患者を外来で後回しにしたり、入院中の病棟で看護婦の口から保護受給の事実が他の患者に知られてしまうようなところもある。

社会福祉法人の病院で、住所不定者が入院したときに金銭管理や身の回り品の都合までつけてくれる医療ソーシャルワーカーがいる病院もあれば、ソーシャルワーカーがいても全く機能していない病院もある。

特に、単身の被保護者が公立病院に入院して手術を受けるようなときには、T字帯から紙おむつ・リハビリの靴の購入、果ては入院中の金銭の管理まで家族

84 小山進次郎氏の『生活保護法の解釈と運用』は、まさに「こういう場合には、こういう考えでやっていい」という、こちら側の理論の集大成である。

と同様の役割をケースワーカーが果たす覚悟が必要となる。ある公立病院では、「患者さんが入浴するときは、ご家族がいないのだから福祉の方が手伝いにきてくれるのですか」と聞いた看護婦さえいたのである。

そこで、その人が具合が悪いので病院に行きたいと言ったときに、この病院はどうですかといって、ケースワーカーがある程度その人の状況に適した医療機関を選んで薦めることが必要である。

制度を適用するということはそういうことである。

075 ケース診断会議とは儀式である

「ケース診断会議を開いて検討してみてください」

こういうことを上級庁の開く事務打合わせ会や監査のときなどに指示されることが増えた。これまでも申請人の不動産の保有を認めるかどうか、暴力的なケースへの対応、法第六十三条（資力があるにもかかわらず受給した場合）の保護費の返還額の減額など、難しい問題を抱えたときに、所長を交えて会議を開き、これを所内でケース診断会議と呼んでいた。

最近は、年金を担保に借金を繰り返し生活に破綻を来したために申請に及んだ世帯が、急迫した状況にあるのかどうか（法を適用せざるをえないか）、あるいは具体的な処遇の問題で暴力や薬物依存、複雑な家族関係などをめぐり監査官が世帯状況を認識できないときにこうした指示がなされているようである。

ケース診断会議とは所長が関係の全職員を招集し、ときには民生委員や嘱託医も出席して開かれる[※85]会議のことで、ここでの決定が「ケース」の処遇方針となる位置付けがなされている。

したがって、ケース診断会議で決めろということは、上級庁はわからないし責任も持てないという意味である。

それはそれでいい、かえって責任を持たれて困ることもある。問題はその先である。

まずケース診断会議と言っても、「診断」はできないということである。診断の基準もそして何よりその前提となる理論のないところで、こういう言葉を使うこと自体ごまかしである。基礎理論もばらばらな、現場の平均経験年数二年程度の事務職員が集まって、一体何を「診断」するというのか。もちろん、人が集まって困難な課題に取り組むこと自体は意味がありかつ必要なことであるが、「診断」などという言葉を使うべきでない。

次に、この会議では出席者はその世帯（当事者たち）に接していないのだから、個別化ができないということである。したがって「納税者の感覚」とか「役所の常識」で考えて認められないとか、つまり一般化に収束する過程となる。（それが悪いと言っているわけではない。）

85　しかし私の経験では、今まで職員以外の人が出席したという記憶はない。

さらに「ケース」が変化する過程に対応できなくなるということである。状況は常に変化をしていくのに、診断会議の決定が処遇方針になるなどというのでは、現実に使えない。

要するに、診断会議とは実際に見ていない、会っていない人たちが何らの共通認識も理論もないところで、多数決で個別「ケース」の実施機関の対処方針を決定する手続きである。

もちろん法律や実施要領という共通の理論はある。ただ診断会議を開くというのは、それら法令の適用とその前提となる事実認定が困難になっている事態であって、より社会福祉の技術が問われる局面でもある。その意味で診断はできないといっているのである。

しかし、生活保護法を担当する福祉事務所は、わからなくても決定をしなければならない役所なのである。つまり、「あなたはわけのわからないことをしているから保護できない」とか、「本当は金があるはずだから保護に該当しない」などと言って済まないということである。

そう、診断会議とは窮余の策なのである。

だから自分が難しい問題を抱え込んだとき儀式として活用しよう。もちろん、筋書きを予め自分で決めておいたほうがいい。

第Ⅳ章

したたかに現場で生き抜く法

ここから先は、もう少し自分を大切にする方法について考えてみたい。その理由は、ケースワーカーの置かれた環境を変え、ケースワーカーが居続けられる現場をつくっていくことこそが、この仕事の内容を、さらに豊かにしていくものと信じるからである。

こういう仕事だけはしたくないから、早く異動したいと思う人が増えないようにするために、我々が本当に自らの言葉で考え、主張し、したたかに現場を変えていきたいものである。

076 仕事が楽になる工夫ならいくらしてもいい

日々の仕事のなかで嫌な思いをしたり、こういうことはしたくないと思うことがないだろうか。

もちろん楽をして給料をもらうことに賛成だが、それだけではない。長年この仕事をしていると、何となくしたくない仕事というのはやはり理由があるものである。

それは大きく二つの場合で、自分に問題があるとき、やるべきでないことをしているようなときである。

例えば、訪問に行くこと、特に若い女性の部屋に行くのが嫌だとすると、これをどう考えればいいだろうか。嫌な顔をされるとすれば、訪問の前に連絡をしていないのではないか。相手が不安な気持ちを抱いているのではないかと思ったら、女性の職員と二人で行けばいい。訪問は一人で行かなければいけないと決めていないか。

統合失調症の患者さんの部屋で不安な思いをしたのは、自分に知識もなく、またしてコミュニケーションの技術がなかったからで、こういうのは自分に問題がある場合である。

あるいは、七十五歳の保護を受けている女性の七十歳になる弟に扶養義務が履行できるかを調査するとか、一生懸命作業所で働いている精神障害者に障害年金を手続きするよう指示するなどというのは、果たして誰が言ったことで一体正しいことなのかどうか、考え直す余地がある。一般に気の進まないことは何か理由があると思ってよい。

仕事の構造を不変のものとし、自らの技術を省みずに、ただ根性一筋では身が持たない。もっと楽をする工夫をしよう。

もっとも、それ以前の問題として、「こんな仕事ができてたまるか」と思っている人もいると思う。ある意味で最も正常な感覚である。そもそも郵便屋さんならいざ知らず、一人ひとりが困難な課題を抱えた、七〇とか八〇などという数の世帯を一度に担当できるわけがない。おまけに、何でもたった一人の事務屋の担当者が、アセスメントから処遇まで責任を持つというシステムになっている。

「夫の暴力から逃げてきた母子、今来てるんだ。現在地保護の担当、今日は君の順番なんだ。とにかく今日の泊まるところ、今から決めてほしいんだ。それから、子ども、喘息の薬が要るんだって」。面接員からの、お呼びがかかる。

「一丁目の高齢者アパートの〇〇さん、警察にこれから私が迎えにいくんです！　早くなんとかしてくれないと、これ以上お世話できません！」民生委員も認知症状の出ている高齢者のことで、緊急対応を求めてきている。

問題が一つか二つ起きても通常の仕事が止まってしまうのに、福祉事務所の、この数字は常軌を逸している。

こんなことで、本当に仕事が回るのだろうか。

一体どんな工夫をすればいいのだろう。

実は、新採の若い職員がけっこうこなしてしまうから困るのである。ぼくなどは、常にコースを何周も遅れた最後の走者である。

077 何でも生活保護で解決しようと思ってはならない

「転院先を探してください、うちは救急病院ですから」

住所不定や一人暮らしの生活保護の患者が入院してしばらくするとよく言われる言葉だ。「うちは福祉施設ではないですから」と言われることもある。すばらしい指摘だ、全くそのとおりだと思う。

しかし、脳血管系の疾患で障害者となった患者に他に行くところがないからといって、受け入れてくれる病院を求めて、片っ端から電話をかけるというのもおかしなことである。多少の身体の機能低下があっても地域に暮らせる環境を整え、あるいはそれがダメならちゃんとした施設に道をつけるのが、社会福祉の本来の役割である。

しかし、援助の方法をいくら理屈の上で考えることができても、こういう患者さんたちが地域で生活できる可能性は低い。社会福祉の施設への入所も困難を極めている。

そこで、「もうどこでもいいや」と転院依頼の電話をかけながら、これが健康で文化的な生活を保障する生活保護の仕事なのかと思う。

さらに、本来は彼らの内にある、普通に生きていくという権利を、たかだか生活保護を受けているということで侵害していいのかとも思う。つまり、もし彼らが生活保護さえ受けていなければ、こうも簡単にオムツや抑制をされ、身動きのできない姿でいたり、精神病院で亡くなることもなかったのではないかと思うからである。

つまり我々のしていることは、ときにニーズに応えるのではなく、受給者のニーズを世の中から消し去る作業になっていると思う。

それは、何でも生活保護の中で解決しなければならないという私たちの思い込みであるが、これは私たちを取り巻く関係機関のみならず、一般社会の意識と表裏の関係にある。

つまり「こういう人たちのことは、福祉事務所が何でも解決すべきだ」という意識である。

だから、何でも生活保護で解決しようと思ってはならない。まず、本当にこれが福祉事務所の仕事なのか、少しずつ点検してみよう。

078 訪問先は密室である

ケースワーカーにとって訪問は命であるとされている。とにかく訪問しろ、訪問しなければ実態がわからない、などと言われ、訪問計画表を作らされ、ときには悲壮な気持ちでノルマを消化するために担当地区に出かけていくことになる。とんでもないことである。こういうこと（訪問の「意義」やノルマなど）は自分は何もしなくてもいい人たちが机の上で考えたことである。

訪問という手法が、社会福祉援助において欠かせないやり方であるとしても、受ける側からすれば私住居への侵入である。そういう手法がまちがっていることはなく、実際重要なやり方であることを否定しないが、来られる立場、行く立場が一度でも考慮されたことがあるかどうかが問題である。

来られる人たちは、突然前触れもなく役所の職員が部屋に入ってくることを気持ち良く思うだろうか。私は予約をして行っても、女性が一人でいる部屋などに入っていくこと自体が嫌であるが、来られるほうはもっと嫌に違いないと思う。

訪問先は密室である。

我々が郵便局員と違うのは、個人の居室の中に入るということである。まして単身世帯が多く、母子世帯の場合に日中子どもが通学していることなどを考えると、訪問した場合ほとんどの世帯で担当員と世帯員が居室の中で二人だけになるのである。

このようななかで、誤解されたり、行き違いが生じたり、暴力を受けたりしても、誰も見ていないのだから担当者の側に立つことはできない。

さいわい体の大きい私は暴力の脅威を感じたことはないが、その分相手が不安な思いを感じていたかもしれないし、女性の担当者がどんな思いで日々訪問をしているか想像にかたくない。

私の場合、ある高齢者の部屋で二人で向かい合って話をしている最中に、「今このテーブルの上に置いたお金がなくなったのはどうしてなの」と迫られたことがあった。また私が訪問先で「暴言を吐いた」などと上級庁や広聴窓口に電話され、本人の未熟といえばそれまでだが、誰かが傍らで聞いていてくれたらと思うことも何度か経験した。

こういうリスクを、すべてのケースワーカーが負っているのであるが、何か起きても、本人の不注意や技術的な未熟など、個人的な問題とされ、誰も助けることができないのが常である。

常に細心の注意を払って、もし何か問題になりそうな場合は、同僚、上司などと同行で訪問をすべきである。したがって、そういう場合、訪問が「ノルマ」どおりに行われなくても全く問題はない。

そうでない場合でも、訪問は最少限でいい。

監査の役人や研修の雇われ講師の話を鵜呑みにして、自衛を怠ってはならない。

079 頑張ってはいけない、大変な仕事にしてはいけない

みんな頑張って仕事をしている。それはいい、当然のことである。公務員だけのんきに仕事をしていいと言っているのではない。つまり、みんな一生懸命になるということなら何の問題もない。

しかし社会福祉の仕事をしていると言うと「それは大変ですね」という言葉がかけられることが多い。

これは、ひとつには差別である。福祉の世話になるような人たちの世話は大変だ、という意味と、福祉のような地位の低い仕事を好き好んでやるのは偉いというような偏見、差別が、そんな言葉の裏にある。

とんでもないことである。これを初めにはっきりさせておかなければならない。

まず一体、行政の福祉の仕事のどこが大変なのであろうか。

民間企業を考えてみろ、などと当たり前のことを言うつもりはない。公務員の立場で考えてみても、ということだ。

福祉事務所生活保護担当職員は、生活保護法では一方的な決定権[※86]があり、権力行政組織の一員である。予算は無制限（一人一億円くらい使っている）、どこでも

86 **一方的な決定権**
生活保護法にもとづく保護の開始・変更等の決定は、すべて行政処分の形をとって行われ、被保護者に対して指導・指示権もある。ケースワーカーの援助として行われる事実行為（例えば、住所不定の要保護者を、入院

勝手に出かけられ（訪問できて）、所内では現場を見て決める仕事の性格上、係長と対等に大きな顔で決定できてしまう。役所のなかにこんな仕事がほかにあるだろうか。

課税課や納税課はもとより、つまり金を払うより金を受け取る仕事のほうが大変に決まっているし、圧力団体や地域の利害関係者間を調整しながら行う新規事業など、役所の中で難しい仕事は福祉以外にいくらでもある。

大変ではないのだ。

しかし、役所の中でこの仕事の地位の低いことは事実である。

どんなに市長や区長が、「福祉のまちづくり」などと言っていても、一般の職員で福祉事務所に異動したい人がいるだろうか。

また、ニーズに対して制度が対応できていない部分をケースワーカーの労働で埋め合わせをする場面も多い。

だから、福祉事務所のケースワーカーの研究会や集会では、閉会のあいさつに、「また明日から現場に戻って頑張りましょう」というのが多かったように思う。

どうして社会福祉の現場は悲壮感を持つのか。人もモノも金も足りないからである。もうそれが当たり前だと思い、その悲壮感に酔ってしまうと、何が足りないかもわからなくなってしまうのだ。

土木部に五年間働いたことがある。いくら頑張っても予算措置がなければ、道路も橋も公園も造れない。だから職員は、そういう施設の改修がどうして必要な

先を決めて移送するなど）も、実質的に相手方に対して優位な立場で行われている。

また、福祉事務所は何事につけても費用を出す立場にあるため、要保護者の処遇に関して関係機関から、その意向に配慮される傾向が強い。相手方に保護受給権があり、福祉事務所の決定に不服を申し立て訴訟を提起できる法構造になっているといっても、大部分の要保護者の立場は弱い。

我々は常に、一方的な決定権を行使しているのである。これでよいというつもりはないが、おかげで楽な仕事をしている。これが当たり前だと思ったときが危ない。

のか、一生懸命理屈を考え数字を出したり、議論をつくして予算要求をしている。はっきり言って、この業界では何が足りないのかも見えていないと思うことがある。福祉業界をいつまでも、頑張りで支える世界にしたままではいけない。

080 全ケース、均等に仕事をしなくていい

単身の知的障害者の部屋からネコの群れが出入りしたり、家賃を滞納している認知症の高齢者が夜中に大声を出していたりすると、ケースワーカーは忙しい。ヘルパーと一緒になって、掃除をしたり街を飛び回ったり、主治医を訪ね、入院依頼の電話をして一日が終わる。一体私は何をしているのだろうと思う日々もあるだろう。

難しい「ケース」のために、一人の人にかかわる時間が長くなってしまう。そういうときの上司の「アドバイス」は、「特定のケースにかかわりすぎないように」というのが多い。これで済むなら、なんと公務員の仕事は簡単なことだろう。

銀行でもデパートでも、すべてのお客に均等に対応していたら、すぐに倒産してしまう。デパートの売上げの七〇%は一〇%の顧客によってもたらされている。だから業績を上げるためには特定の顧客のニーズをとらえた経営を展開しなけれ

ばならない。[※87]こんなことは、ビジネス社会の常識である。

福祉事務所でも、ケースワーカーの仕事はすべてのケースから均等にもたらされるものではなく、援助を常に必要とする人から、扶助費の振込みさえあれば自立した生活を営める人まで様々である。デパートと同じようにある特定のグループの人たちに対する援助が、仕事量の大部分を占める傾向は否めない。

したがって、自分の仕事の構造がどうなっているのか考えるとともに、常に上位の仕事量をもたらす人たちへの対応を研究しなければ仕事の全体が停滞するのは明らかである。

つまり、一人のアルコール依存症の患者に仕事のペースを乱されるなどと考えてはならない。その一人への対応のノウハウを研究することが全ケースへの対応のレベルを上げる、仕事とはそういうものなのだ。

全ケース、均等に仕事をしてはならない。

081 自分の決定は機関の決定だと思うこと

公務員として当然すぎることだが、何かをしてやっていると思ってはならない。仕事をして相手に恩を売ろうと思うことは甘えである。こういう考えで仕事をすると、うまくいかないとき一人で落ち込むことになるし、そもそも当事者はもち

87 鎌田勝『QC・TQC・50のチェックポイント』PHPビジネス選書、六九頁〜、一九九一年

ろん関係者と良好な対人関係を維持することもできない。

繰り返しになるが、この制度を適用するということは、事実を認定することによって相手方に法定の給付を保障するということである。

当然のことを、「してあげる」と言えば、相手はできないときも担当者の判断で「してもらえる」と思い、客観的な基準の存在を理解することができない。

仮に自分に裁量権が与えられていたとしても、自分の行う決定は上司の決裁を経た機関の決定にすぎない。

もちろんそう思ったからといって簡単にはいかない。やはり、仕事に責任を持つのは担当者であり、自分がこの業務、この地域をまかされているのだという誇りや自負がなければ、こういう仕事がうまくいくわけがない。

しかし、それでも自分の決定は機関の決定であって、それ以上のものではない。そう信じることで、仕事がうまくいかないとき一人で悩まずに済む。仕事上の課題を全体化できる。

自分が信じるためには、相手にも信じてもらうことである。

そのための方法のひとつとして、何ごとに対しても「する」と言わずに「なる」と言うことである。例えば保護を廃止するときは、「廃止にします」ではなく、「この場合廃止になります」という表現を用いることである。私がするしないではなく、あなた(相手方)ができるのかできないのか、給付されるのかされないのかの視点で考えるとそれができる。

これは、自分がいかにつぶされずに仕事を続けられるのかという課題であるとともに、相手の自己決定権を言葉のやり取りのなかに、どこまで保障できるのかという課題でもある。

自分はこの仕事をしていくなかで、どれだけ言葉遣いにこだわり、あるいは理解されやすい言い方を用意することができているのか。

たかが言葉と、侮ってはならない。

082 勝手に環境に働きかけなくていい

社会福祉援助を行う専門職として確立された場合のソーシャルワーカーには、人の環境を調整したり環境に働きかける役割があると言われている。※88

確かに、私たちも長期入院している退院間近な人に、自分の担当地域の知り合いの家主に頼んで部屋を確保するなどという場合がある。これは住宅扶助があっても借りられるアパートがなければ、制度を使うことができないからである。

あるいは本人に代わって長い間遠く離れていた家族を捜し、施設入所の際の身元引受人となってくれる一人を確保する場合もあると思う。

これらは、制度をそのまま適用しているだけでなく、ケースワーカーが環境に働きかける援助を行った結果である。

88 『社会福祉援助技術総論』社会福祉士養成講座八、七六～一四一頁

しかし、私たちがいくらプロケースワーカーを自負したとしても、初めから私たちに環境を変える役割があると思ってはならない。環境に働きかけようと思って、やってはならない。

制度を適用するために環境を整える、そこまでしないと適用できないから仕方なくやる。そこまでにするべきである。あるいは制度の適用により自ずから環境が改善される。そういうことでいい。

なぜなら、すでに述べたようにケースワーカーとは制度を適用する者のことであるからである。生活保護が社会保障制度である以上、制度を利用したいと思うのはその人の権利であり自己決定である。それは制度で保障されたもので、行政の未熟なケースワーカーの「環境に働きかける」という制約下に実現されるものではないからである。

本来、ケースワーカーが介入しなければアパートが借りられないのは、生活保護制度のせいではないし、老人の施設入所に身元引受人が必要だとすれば、その制度運用が間違っている。

仮に環境に働きかけるケースワークが許されるとするなら、それは保護要件充足のためか、本人の選択にもとづくものでなければならない。

環境に働きかける機能を意識したケースワーカーの思いが、一人歩きを始めると大変なことになる。例えば、この人は生育歴に問題があり、家族の中の、この人とこの人とは別居をしたほうがいい、などと勝手に精神科医になってしまったりするからである。
馬鹿なことを言ってはならない。

083 ケースワーカーとは、その人の側に立つ者のことである

あるとき老人ホームに呼ばれて行くと看護師が怒っていた。入所前から私が担当していた人（入所者）が、薬の回数や量を勝手に減らしている、医者が決めたものを自分で変えるなんてとんでもないことだ、福祉事務所として厳重に注意してほしい、こういうことが続くようなら退所してもらうことになる、と言う。

その人は「せっかく入れたホーム」の相談室の椅子に小さくなっていた。こういうとき本人は全く弱い立場だ。何か言いたいことがあるのに権威と力の前に何も言えない。

国立の障害者施設の入所面接のとき入所希望者に、「お世話するのは私たちなのだから、あなたの体重は私が決めます」「勝手に食べることはしないという約束をしていただきます」と看護師長から言われたこともある。

こういう言い方をされたときに、私は傍らにいてどんな発言、どんな切り返しをしてきたのか。相手の立場に立ち権利を擁護する、こんな言葉を思うとき、顔から火の出るような思いがよみがえるばかりだ。

しかし、このときの悔しさだけは忘れずにその後の本人の身の置き所を考えてきたつもりではある。

アパート暮らしをしていた統合失調症の男の人が、頭に怪我をして手術を受けたのがもとで状態が悪化した。その町から車で二時間かかる郊外の精神病院に入院して六カ月後、「そろそろ退院させてほしい」と言った私に入院先の主治医は「どうぞ」とすぐ了承してくれた。

私はその間何度も病院を訪れ、本人と会い主治医に会って本人の退院の意思と私の考え方を伝えていたのがよかったと思う。一般的な退院可能かどうかの照会では相手の気持ちが動かないからである。

権利を主張できない人たちにとっては、私たちがその人の側に立ち、その人の意思を伝え、権利を補強することができてこそ道が開けると思っている。また、このような信念こそが私たちケースワーカーがプロたる所以である。

なんと傲慢な思いであろう、使い方に注意しなければならない。

084

自分のネットワークをつくる

仕事のネットワークには、法制度をはじめ、他者から与えられるフォーマルなものと、自分でつくり上げるインフォーマルなネットワークがあると考えることができる。

フォーマルなネットワークとは、ある特定の病気や障害をもつ人たちのケアをしていくときに使うことのできる社会資源のつながりのことである。そういう機関や制度を知らずに仕事をすることはできない。

そこで、まず既存のネットワークがどのようになっているかを理解すること、必要なときに自分もその中に参入してみて実際にその中で仕事をしてみることが重要なことである。

例えば、単身の高齢者が認知症の状態になって困っているが、今まで全くどこにも受診していないという相談があったら、初めにどういう医療機関とどういう関わり方をもてばよいのか、その後にどんな施設や制度を利用することができるのか、こういうことを知っていなければならない。

次に、自分でつくるネットワークとは、関連機関やそのソーシャルワーカー同士のインフォーマルなつながりのことである。

これは日頃の仕事の協力関係の中で築き上げていくものであるが、自分のことばかり考えてただ名刺を配っていればいいというものではなく、相手の立場を思って便宜をはかったり情報を提供したりする過程で広がったり深まったりするものである。積極的に研究会やセミナーに顔を出し、特にまだ仕事上の関わりのないときに交流しておくことも効果的である。

社会資源に関する情報を常に更新し続けなければならない私たちにとって、こういうインフォーマルなネットワークをつくらずに仕事をするということはむしろ至難のことですらある。常に知らない人同士で施設や制度の利用依頼をすることを考えると、お互いにネットワークするということは、結局自分が楽をするためだということになるのかもしれない。

次にできあがったインフォーマルネットワークを大切に育て、さらに大きくしていくために必要なことは、感謝の気持ちを表現するということである。

地域で問題になっていた認知症のお年寄りをとりあえず入院させることができたのは、こちらの事情を理解してくれた病院のＭＳＷのおかげであったり、それまで支えてくれた民生委員のおかげである。

こういうときそれぞれの職種の人に「あなたがいてくれたからこそ、こうもうまくいっているんですよ」と言えばいい。

退院してアパートが見つかった単身者が「本当にあなたのおかげです」と言いにきたら、「実は俺じゃないんだよ」と言って民生委員や不動産屋のところへ彼に挨拶に行ってもらうことである。関係者の人たちに「あいつと組むといい仕事ができる」、そう思ってもらうことがいいネットワークを維持する法である。

やってはいけないことは、知っているからといって無理な依頼をしないことである。知っている人ならかえって遠慮をすること。甘え合うことで自分のネットワークの価値を下げてはならない。

○ネットワークは森だ、大切に育てると増殖していく

○武勲を人に譲るを真の武士という

085 家に帰っても仕事を忘れてはならない

初めてケースワーカーになると、仕事のことが頭から離れなくて困るものである。入院中のあの人が死んだら小学生の子どもはどうすればいいのだろう、今日年金の受給が未申告だったので理由を問い詰めたあの人には、少し言い方が厳しすぎただろうか、いろいろ考えると眠れなくなってしまうこともある。

上司や同僚が察してくれて、家に帰ったら仕事のことは忘れろ、嫌なことは早く忘れて酒でも飲みにいくか、などと言われもする。そういう事務所は温かくよいところだと思うが、仕事のことを忘れろなどというアドバイスは無効である。

無効とは効き目のないことで、そういうことは忘れようとすればするほど気になるもので、どうせ忘れられないなら思い切って、気になるときに気にしたほうがよいものである。むしろどうして気になるのか、何が心配なのか、仕事中はもちろん、勤務時間の終わった後でも、とことん考え抜く時間を共有することが先輩の務めであろう。

次に無効であるだけでなく、勤務時間が終わったら仕事のことを忘れろなどということは本来とんでもないことである。仕事が忌み嫌うべきもの、嫌なこと、損なことであるということを前提にしている。なんという甘えた考え方であろう。どうして、ケースワーカーだけが五時を過ぎたら仕事を忘れていいのだろう。仕事のおかげで飯が食えるということを忘れたら、ビジネスマンの資格はない。

農家の人は、いつも稲の生長や天気のことを気にしているし、非番の警察官がよく犯人を逮捕することがある。一体誰のおかげでなどと言うつもりはない。しかし、普通のサラリーマンだっていつも仕事の話で酒を飲んでいるし、民生委員などはボランティアにもかかわらず地域に住んでいるのでいわば二四時間営業である。病院や施設のソーシャルワーカーには、夜間自宅に当直の職員から電話が入るのも特別なことではない。

気になることを徹底的に考えよう、仕事のための勉強だってしなければならない。スポーツや遊びの合間に、ふっと、仕事に関する懸案の解決方法が頭に浮かぶこともある。そういうことでなぜいけないのか。

突然の辞令でケースワーカーになり、その日からプロとしてやっていくのだから、初めは二四時間営業の気迫と努力が当然のことであろう。甘ったれてはならない。

もっとも、そういう私は五秒に一度仕事のことを考えているなどと冗談を言うことはあるが、実は五時を過ぎると昼間のことはすべて忘れてしまい、名案が浮かんだときだけ思い出すことがある。自分でも器用なものだと思っている。

086 いつも営業マンであれ

どんな仕事のプロでも、サラリーマンである以上、いい仕事ができるというのは、会社という組織と看板のおかげである。しかし、ホンダの車に乗っていたが、日産の営業マンと知り合って、車を買い替えることもある。

仕事は組織でやるものだが、同時に個人でやるものでもある。やはり、たかがケースワーカー、されどケースワーカーである。

更生施設に入所中の人が、地域に退所してくるときにアパートを借りなければならない。生活保護受給中で中年過ぎの単身男性に部屋はなかなか見つからないことが多い。そんなときに、そうと知って物件を紹介してくれる業者は貴重な社会資源である。そういう人には後日「その節はどうもありがとうございました」と言って、顔をつないでおく機会をつくるとよい。

感謝をされて腹を立てる人はいない。商店街の中にあるその不動産屋の主人が新聞を読んでいる頃を見計らって、偶然通りかかったような顔をして名刺をおいてくるとよい。名刺のない人（？）は役所で出しているその地域の地図や、住民向けの便利帳のようなものに自分のゴム印を押して持っていくといいだろう。年に一度の年賀状を出すのもよいだろう。

こうすることで、この次に部屋を探す人が助かり、不動産屋さんもいい商売になる。

人間、よい出会いをしておくことが重要である。ケンカになったときに初めて出会うのでは、もう遅い。地域の民生委員とは、なんでもないときに話をしておくとよい。世話になったことがあったら、必ず電話を一本入れておくこと。

きっかけを逃さず、自分を売り込んでおくこと。「どうも！　柴田でございます」という一言で、不可能が可能になるのは、なんともいえない快感である。

もっとも、難しいのは「売り込んだ」後のことである。

部屋を提供してくれた家主が困ったときに、「それは当事者間のことです」などと逃げたらそれで終わりだ。無理をきいて、患者を受け入れてくれた病院の担当者が、何か別のことで困っていたら、自分の仕事でなくても出かけていくくらいのサービスをしなければならない。

関係機関の人を大切にしよう。ケースワーカーとは営業マンのことである。

○常に自分を売り込もう。人生は営業だ

○なんでもないときに、なんでもないことをしておくことだ

○営業マンとは、アフターケアのできる人のことである

087 「その時」を活かす人であれ

福祉事務所では、朝から電話や来所者との面接に追われ、所内を歩き回り、担当地区にも出かけているのに、仕事の成果は何も残らず、時間はあっという間に過ぎていく。

時間を自分で管理し、意識して仕事を進めなければならない。

例えば定期訪問に出かけるときは、今日これから訪問する目的を意識化することである。難しい課題を抱えた人たちが増え、保護受給期間が長期化し、仕事が複雑化している。ぼんやり訪問して、相手の顔を見てから何かを考えたのでは遅いのである。「こんにちは。さようなら」という訪問なら誰でもできるが、何もケース記録を書くことができない。※89

訪問する前にその日までの保護の経過をつかみ、自分の課題を意識して出かけることである。

「こんにちは。さてその後いかがでしたか」という言葉に内容が伴わなければ訪問というチャンスを活かしているということにならない。

次に、誰かが何かを言ってきたら、そのタイミングを外してはならない。ケースワーカーとはきっかけを活かす人のことである。

89　もっとも、毎回訪問した後、ケース記録には何か特別なことを書かなければならないと言っているわけではない。
▼070参照

「来月から家賃が上がるのです」「精神病院をもう退院したいのですが」「猫を飼っていいですか」。いろいろ電話がかかってきたら、そのときが、その人と関わりをつくる好機である。クライアントが困っているとき、相談したいときを外して後で「指導・指示」ができるだろうか。

関係機関から利用者のことで連絡があったときも同様である。

まず自分の都合を優先したり、防衛的になってはならない。それが、福祉事務所に対する苦情や的外れな依頼であったときはなおさらである。

「単身の人は困るんですよ。洗濯はどうすればいいんですか、オムツを誰に買ってきてもらえばいいんですか！」（これが救急入院先の公立病院の職員の意識である）

こういうとき私はすぐに病棟に出向く。行かないと、こちらに自信がないと思われてしまうのと、そういう彼らの顔を見てみたいからだ。オムツを抱えてナースステーションの前に立つと、さてどうしましょうという話になり、彼らも心を動かしてくれる。

相手にニーズのあるときに動く、相手に動きのあるときに関わる、これが自らを有利に導くのである。

ケースワーカーとはその先を読む人のことである。

088

監査官に「反論」してはならない（その1）

……監査は組織が受けるもの

監査は、ケースワーカーにとって実際の仕事ではない。しかし、年に一度のことでしかないのに、いつも気になることの一つである。

こういうことをすると監査のときに指摘を受けないか、などと気を遣いながら一年中、事務の流れを自己規制している人がいたり、都（道府県）の監査（指導検査）が近づくと想定問答を考えながら自分の担当世帯の書類の整理にかかりきりになって、通常の事務ができなくなる場合もある。

私は当日、監査官とのやり取りの中で悔しくて体が震えてきたケースワーカーや、監査後に会場から事務室までの階段を泣きながら下りてきた係長を見たこともある。

そもそも、監査とはこの法律の施行について、厚生労働大臣を頂点とした上級庁が下級庁を指揮監督するという法第二十三条の規定にもとづくものである。

しかし、生活保護制度全体の実施体制や、ケースワーカーの属する自治体のシステムにより与えられる環境条件が問われることがないのだから、実際には上級機関の職員が下級機関の職員の仕事の粗探しをする結果となっているのが現実である。

「この世帯は、ずいぶん訪問の間隔が開いていますが、あなたのほうに何か理由があるのですか」

お前は一体日中どこに行っているんだ、と言わんばかりの顔つきで、こういう聞き方をされると何とも言いようがない。訪問の間隔が開いてしまうのは、全体の仕事の結果であるが、個々の世帯ごとにみると監査官の言うのも当然のことである。

担当者にすれば、三カ月ごとに訪問しなければならない母子世帯に半年以上訪問していないのは、その人が真面目に収入申告をして特別何の問題もなかったことと、そのほかの認知症の高齢者や薬物依存の㊋世帯に振り回されたり、新規申請が続いたことがその理由で、できないものはできないということである。

しかし、仮にそういう言い方で「反論」したら監査官の答えは決まっている。

「何の問題もないというのは行ってみなければわからないじゃないですか。まして今は、他のケースのことを問題にしているのではありません。要するにあなたは訪問すべきときに、それをしていないのですよ。どういう理由があったのですか?」

監査官の追及は個々のケースであり、それを担当するケースワーカー自身である。しかし、担当者にしてみると、仕事というのは全体であり、減点法ではかなわない。俺のやっている全体を見て評価してほしいと思えば思うほど、悔しさがこみあげてくるものである。

私たちは組織の一員として仕事をしている。個人で請け負っているわけではなく係長もいれば課長もいるのである。どうして我々だけが個人別に指摘を受けるのか。もちろん担当でなければ個々の状況はわからないのだからそれはいい。問題は受ける側にもあるのだ。

「ああ、そうですか。わかりました」。こう言えないのは、自分のミスだ、あいつの落ち度だという意識があるからにほかならない。日頃から俺がやってやっているという意識に逆に縛られていないか。

また、生活保護受給者は訪問して問題を見つけてやる対象であったり、もしかしたら何か隠しているかもしれない、こういう監査官の論理・意識に巻き込まれた結果ではないのか。あるいは、つまらない指摘を受けてしまう原因を自らの組織体制や労働条件、予算措置の中にどうして見ようとしないのか。

言い返したい心、怒りの源を見極める必要がある。

そんなわけで私の場合はあまり「反論」しないようにしている。

仮に監査官の指摘が間違っていたらどうなるのだろう。そういうときは文書で答えればいいのである。それが組織で受けるということになるのである。

089

監査官に「反論」してはならない（その2）

……当否のわからない「指摘」に過剰反応しなくていい

ある年の監査で、世帯主が十年来スナックのホステスをしている母子世帯が抽出された。そのときの監査官が言うには、収入申告額に毎年変化がない、どうして「定期昇給」がないのか、交通費も支給されていない、これは不当なのであなたが店の主人に交渉してあげなさい、と言うのであった。

これにはまいった。なんと答えていいか開いた口が塞がらないといったところであった。昔からの友人のつながりでやっとの思いでホステスをしている中年のお母さんが、どうして定期昇給を要求できるのかと思う。水商売をする女の人の時間単価は年齢とともに下がっていくのであって、役所じゃないんだぞ！　と言いたかった。

そもそも雇い主にどういう立場で出ていくのか、保護を受けたらプライバシーはなくていいのかとも言いたかったが黙っていた。

レセプトを見ただけで、「この人は働けるよ、だいたい糖尿病なんていうものは病気じゃないんだよ」と言い切った監査官は、一体どのような使命感に燃えて、一体いくら給料をもらっていたのだろうか。※90

90　監査官というのは、社会福祉援助の素人で、実際の仕事の流れの中に身を置いたり、実際に対象者と顔を合わせていない上に、地域の実情にも疎い。さらに、保護行政を規制すべきものと考え、自治体やケースワーカーは、すなわち自分より下に位置するもので、管理すべきものだという使命感に燃えている。

これに生活保護受給者に対する、その人なりの予断と偏見が加わるから大変なものである。

「この人の就労の可否について検討されていないようですが、何か理由がありますか」（就労できないと判断されるので、検討する必要がないのであった。）

「この人、一度も無収入申告書を取っていないですね。収入がなくても申告書は出してもらってください」

「この人は、こういう収入申告書でなく、きちんとした会社からの支払い額の証明書を取らせてください」

「（精神障害者）共同作業所で働いているということは、普通の会社で働けるということですね？」

（週三回人工透析を受けている車椅子使用の四十七歳のケースに）「就労指導を検討してください。それから、兄弟に扶養照会を検討してください」（この人は、「扶養照会」の検討のために担当者が訪問して、改めて兄弟の状況を問うたところ、突然の兄弟への連絡という言葉のために、ついに自分の死期が近づいたので、医療機関からの連絡があったものと思い込んでしまった。）

我々も、移管に先立って送付された、まだ自分が担当していないケースの記録を見た場合など、何というひどい仕事のやり方だろう、などと思うことがある。しかし、実際にその世帯の人に会った後で、記録と現実の落差を再認識させられることが多い。

もちろん、我々自治体職員の制度に対する使命感も低く、したがって常にこちら側の実施水準も低いから指摘されて当然の面もある。

しかし、だからというべきか、過剰反応してはならない。腹を立ててはならない。

指摘事項が正しいと、一体誰が決めたのか。指摘とは、ただ単に、上級機関の考えであるに過ぎず、その当否を審査する機関はない。

過剰反応は服従の形態のひとつである。簡単に怒ってはならない。

当否がわからないのだから、静かに自分の思うところを主張したり、あるいはそのときは手の内を見せず、後で指摘に対する文書回答で、何か事実上の反論を目論むことなど考えて平静を装うとよい。

ケースワーカーとは、我慢する者のことでもある。

090 監査官に「反論」してはならない（その3）

……「指摘」を真に受けて、すぐに「是正」してはならない

監査に関して私たちがわかっていなければならないことは、上級庁の方針は常に変化し、個々の監査官の考え方もそれぞれ違い、したがって、同様のケースであっても毎年言われることが違うということである。

ある年の監査で、投資目的で購入していた土地の保有を秘匿し、資産申告書に

不動産保有無しの申告をして保護受給していたケースについて、私の側で不正受給（法第七十八条[※91]、場合によっては法第八十五条[※92]適用）の判断をしていたところ、単に資力があるにもかかわらず保護を受けた場合の法第六十三条[※93]に該当する世帯にすぎないと指摘されたことがあった。

その解釈は明らかに法律の解釈についての初歩的な誤りであったが、私は何年か前のいわゆる保護適正化の時代[※94]を振り返って、時の流れを意識するとともに改めてある納得をしたものであった。

つまり、ときには必要以上に厳しく、ときには驚くほど寛容に、そのときそのときの情勢の変化によって、役人の意識が猫の目のように変わるということである。

また、ある年ほとんどすべての世帯について、扶養照会をするようにという指摘がなされた。七十歳の高齢者は六十五歳の妹に、四十八歳の母子世帯のお母さんの場合は四十三歳の弟に、文書を送り送金の可否について照会をせよというものであった。いずれも何十年音信不通であったり、過去に借金で迷惑をかけたなどという個別事情はおかまいなしであった。これを真に受けてやったらどうなるであろう。

さらに注意しなければならないことは、監査の指摘は必ずといっていいほど命令形ではなされていないということである。例えば、この人は働けるはずだから仕事をさせなさいという言い方はせずに、「就労の可否について検討すること」

91 法第七十八条
不実の申請その他不正な手段により保護を受け、又は他人をして受けさせた者があるときは、保護費を支弁した都道府県又は市町村の長は、その費用の全部又は一部をその者から徴収することができる。（法改正により変更あり。）

92 法第八十五条（罰則）
不実の申請その他不正な手段により保護を受け、又は他人をして受けさせた者は、三年以下の懲役又は五万円以下の罰金に処する。但し、刑法に正条があるときは、刑法による。（法改正により変更あり。）

93 法第六十三条（費用返還義務）
被保護者が急迫の場合等

となるのである。

だからまず「検討」をすべきなのであって、仮にこういう指摘を真に受けて、いきなり就労指示を出して何か争いになった場合には、上は「検討」を指示したのに、実施機関が勝手にやったことにされてしまうのである。

○毎年変化することを真に受けて、一喜一憂してはならない

○指摘を真に受けて、すぐ「是正」してはならない

○指摘とは、自らの自治体で解決すべき課題のことでもある

○監査とは、上級庁の立場の確保と監査官の職務として行われていると心得ること

091 不愉快なときは感情を出していい

この仕事をしていると、いろいろ文句を言われることが多い。もっとも文句を言われるのはケースワーカーに限ったものでもない。

ビジネスマンだから、自分が正しいと思っても、立場上反論できない場合があるのはどういう業界も同じであろう。公務員の場合、いくら理屈が通らないことで感情的に文句を言われても、住民とケンカをするわけにいかないこともある。

さらに、被保護者に対する差別意識や感情が直接担当者に向けられるような場

において資力があるにもかかわらず、保護を受けたときは、保護に要する費用を支弁した都道府県又は市町村に対して、すみやかに、その受けた保護金品に相当する金額の範囲内において保護の実施機関の定める額を返還しなければならない。

94 **保護の適正化**

生活保護制度の草創期から今日まで、結核患者や在日朝鮮人に始まり、保護の適正化（締めつけ）政策が何度も行われてきたことは歴史的事実である。

例えば入退院基準を通知したり、扶養義務者の扶養能力調査を強化したり、あるいは申請受理の手続き・様式を変更するだけで、被保護世帯を激減させること

合もある。これが福祉事務所では特徴的だと思う。被保護者の入居しているアパートの家主が「どうしてああいう人を保護するのだ」とか、契約に関する苦情を言ってくるような場合がこれにあたる。

直接関わりのある当事者が暴力団関係者である場合もあるだろう。

とにかく、この仕事をしていればたいていのことに慣れてくるが、不愉快になるようなときは感情を出したほうがいい。自分が正しいのに、相手が悪いから我慢しようというのは自分の心の健康に悪いだけでなく、この仕事に対する冒瀆であり、福祉事務所の看板に泥を塗られるのを見過ごすことでもある。

相手がわからず屋の同業者のようなときは、大いに言いたいことを言いケンカをすればいい。

問題は、相手が悪いとき、ケンカになるとこちらが損するとき、あるいはプライバシーの関係で反論できない、したくない場合である。

こういうときは、感情を出して押し返すことである。感情の出し方は言葉の選び方・声の出し方のほか表情・動作などあらゆる身体言語を含む。

相手の言うことを拒絶するとき嫌だと言わないで、「ちょっと信じられないですねえ」というフレイズを繰り返していた先輩も思い出す。むっとした表情で「おっしゃることがよくわかりませんねえ」などと不服そうに言う手は、私もよく使う。

「どうしてですか？　なぜですか？」などと質問を繰り出していく手もある。

ができる。初めて保護受給権を保障した生活保護制度も、法施行以来全く変わっていない原理・原則の下において、監査の強化や一片の通達によってその運用を全く異なるものにされてしまう構造を持っている。

最近の適正化政策としては、暴力団の不正受給などに対処するとして、金融機関等関係先調査の同意書徴収などにかんする一連の取扱いに関する通知が出された一九八一年以降、この年一四四万人であった被保護者数が、一九九一年には九五万人へと一〇年間で五〇万人（三四％）の減少をみた経過がある。

この時期の後半、私は、扶養義務や収入・資産の扱いや就労指導をめぐって原拒絶する場合の感情の出し方で有効なものは沈黙である。

被保護者の家に貸金の取立てに来た、そういう関係の男から生活保護費を支給してこっちへ返させろという主旨の電話が入ったことがあった。「聞いているのか、こら！　今から行くぞ！」などという電話は切らずに沈黙を続け、低い声でときどきこちらの言いたいことを繰り返して向こうから切らせることができた。

切り返す言葉や間の取り方、このバリエーションをロールプレイと「実戦」のなかで研究するとよい。

しかし、最も大切なことは、突然の不愉快な言葉や態度に、自分の心を傷つけられずにいられることである。もしかしたら自分が悪いのではないかと思って落ち込んだり、侮辱の言葉で心を汚されてはならない。これは、いい人に苦手のことである。

あなたは正しい。

自分の感情を大切にしながら仕事をしよう。

092 仕事が嫌な日は考える人になれ

あなたは朝仕事に行くのが嫌な日がよくある、ときどきある、いつもある？だろうか。私も訪問に行くのが嫌な日がよくある、というよりいつもある。した

則どおりの、非常に細かく非現実的な監査指摘を、いつも重苦しい雰囲気の中で受けていた記憶がある。

（参考／「適正化」が歴史的事実であること、またその様相について、

日本社会事業大学『日本の救貧制度』三五九頁～、勁草書房、一九六〇年

副田義也『生活保護制度の社会史』六五頁～、東京大学出版会、一九九五年

暉峻淑子『豊かさとは何か』二一九頁～、岩波新書、一九八九年

京極高宣監修『現代福祉学レキシコン』二六八頁、雄山閣出版、一九九三年）

くない仕事もいつもある。

こんな本を書いているのだから、さぞかし元気いっぱい体育会系のケースワーカーをしているように思われることだろう。

実を言うと私は、この仕事の大部分が嫌いな不良ケースワーカーだと思っている。

例えば、そもそも他人の家に上がり込む訪問が嫌だ。相手はどんなに嫌だろうとか、どうしてこんなに私住居に頻繁に立ち入る権利があるんだ、などと自分を正当化する理由を考えている。

自分がしたくない仕事、例えば亡くなった人の部屋の片付けとか、意見の合わない医療機関と連携しなければならないときとか、いつもやらずにすむ理屈を考えている。

そういう理由が正しいことが多い。

私は、そもそも生活保護制度の中には、社会に不適応状態となった特別な人たちを福祉事務所が後見的に指導すべきだという考え方が含まれているように思う。そういう部分に自分自身を合わせることができないから、気の進まない仕事があるのだと思っている。

やりたくないことをじっくり分析すると、必ずしも自分が怠け者でも気弱でもないことがわかる。

しかし、ケースワーカーたるもの言い訳ばかりしてはならない。

とにかくやるためにいくつかの方法がある。参考になるだろうか。
○とにかく電話で訪問の予約をつくってしまうこと
○例えば、前からやっていたのを後ろからする（順番を変える）
○今日は何の日と決めること（病院訪問の日、事務処理の日）
○嫌なことをするとき、同僚の考えを聞く
○無理せず、自分のペースを大切にする
○鏡を見ること、自分の歳を考えること（お前は一体いくつだ）
○給料をいくらもらっているか思い出すこと（嫌なら辞めればいい）
○たまには休暇をとって映画に行こう（好きなことをする）

093 ケースワーカーはほんの少し抜けた顔ができるといい

すべての仕事の時間を通して、ぴりぴりと張り詰めた顔をしてはならない。目から鼻へ抜ける利口そうな表情はしないほうがいい。むしろ、少しぼんやりした明るい顔で、それでもしっかり話を聴いているということがときどき相手にわかるくらいがよい。

これは、相手にとって相談しやすいケースワーカーであるために必要なことである。この人に一言いえば全部わかられてしまうと思ったら、誰も初めは相談してみようと思わないからである。

ぼんやりしていると思われたら仕事がやりにくくなるだろうか。人は皆自分に都合のいいことを言うものである。それはそれでいいのだと思う。話の進むうちにそういうことに気づいていくのも仕事である。

どうしたら、そんな顔ができるのだろうか。

それは構えないこと、自然体を保つことである。

そうは言っても、構えてしまうのは、自分に自信がないからだが、その最大の理由は、何か責任を感じるからである。

責任を感じないことが必要である。自分のことのように責任を感じたら相手に失礼で、悪く言えばすべては他人事だと思うこと。

さらにこれで自分がリラックスできて、相手に素直にもなれる。構えてはならない。

仕事は格闘技だ、初めから拳を握り締めたら技がでないばかりか、全身が硬くなって相手の動きに対して身をかわすことができない。

相手が動く前に、動いてはならない、何も考えてはならない。

094

訪問の行きと帰りは別の道を通る

ビジネスマンたるもの無駄な動きをしてはならない。無駄な動きが無駄な時間を生み、仕事時間を侵食するからである。

例えば、いつでも手に入る用紙類を自分の机の周囲にストックしてはならない。必要な書類や情報を取り出そうとするときに、それらの用紙類が邪魔をして時間を食い潰すからである。ただそのことだけに費やす時間を減らす必要がある。

訪問の行きと帰りは別の道を通り、目に映る担当地域の様子を入力しておこう。患者について病院に同行したら、外来で待つ間、思いついたように患者の生活歴などを聞き出して、仕事をしている気になってはならない。本人が迷惑するからである。

この時間を何かに使ってみよう。本を読む、文章を書く、睡眠不足を取り戻す。ぼんやりするために使う、それも健康的でいい。

すべての仕事に時があり、撤退の時がある。

朝の忙しい時刻や退社間際に入院の依頼をするのと、食事が済んだ午後のリラックスした時刻を狙うのと、どちらが担当者が受け入れやすいであろうか。

道路がすいているのはいつなのか。車に乗って走っていくのは昼の時間に限る。

ケースワーカーたるもの時を読まなければならない。

難しい話を進めるときに一度にしてはならない。下話をしておいて寝かせる時間も必要である。熟成の時がある。

ときどき優先順位を逆にするのもよい。いつも最後になる仕事を、ある日最初にやってみる。

ケースワーカーとは、時を操る者のことである。

095 研究会をつくって、議論しながら仕事ができるとよい

障害者の入所施設の指導員から、入所者が職員の指示に従わないで、勝手なことをして作業にも出てこない、という苦情の電話が入っている。「こういう方をこれ以上うちの施設でお預かりすることはできません。今月中に福祉事務所で引き取りにきてください」。

指導員は、こういう人は地域でケアすべきで、アパートを借りてヘルパーやボランティアを入れて、そういう体制をつくるのがあなたの仕事だという。

民生委員に開始通知書の写しを送付したところ、その方が事務所に見えた。「あんな暴力団みたいな人がどうして保護を受けられるんですか？　いつもどこかに働きに行っているようですよ。福祉事務所はもっとしっかり調べていただか

ないと」。

こんなときどうしているだろう。

「娘を退院させてほしいのです」

長い間、精神病院に入院している女性の、もう七十歳を過ぎたお母さんから相談を受けた。「もう一度昔のように二人で暮らしたい、面会に行くと娘も帰りたがっている、私が面倒をみますので福祉のほうで先生に頼んでください」と言う。入院の要否が医師の診断にもとづくことであることはわかっているが、社会福祉の立場から、何か介入できる理屈はないだろうかと思う。

社会福祉とは一体なんだろう。

みんなどうやって仕事をしているのだろう。福祉事務所にいると一人で判断のつかないことがあまりにも多い。にもかかわらず、全くと言っていいほど専門的な立場からのコンサルテーションもスーパービジョンもない。

仕事を始めたばかりの人も、もう長い間この業界に生きている人も、日々の仕事のなかで、一つひとつの事例について、一体どんな判断ができているのだろうか。

他の業界ではあまり考えられないことだと思う。

日々出会い、関わりをもつ人に対して私たちはどんな社会福祉の援助ができ、私たちの固有の立場としてはどのようにして、一体何を、他職種に対して主張できているのだろうか。

ある大学の先生が、福祉事務所の職員がソーシャルアクションをしないから、彼らはソーシャルワーカーではないと言っていた。

当たり前のことである。こんな社会的地位の低いソーシャルワーカーがいるのだろうか。それどころではなくて、直接的な本来業務さえどうさばいていくのかわからないのだ。お互いにもっと研究を深めなければならない。

ならば、お互いの議論なくしてこの仕事を進められようか。

この仕事のための議論を展開する場が「研究会」である。職場にフォーマルなものをひとつ、そのほか気の合った仲間と、自分たちの研究会[※95]ができるとよい。

○ケースワーカーとは議論をし合う人のことである

○ケースワーカーとは助け合う人のことである

○ただし同僚のよき批判者であれ

○研究会をつくって、大きな顔をしよう

○研究会ではお互いに、あえて反対意見を述べ合うとよい

096 ケースワーカーの仕事を独立して営む事業主であれ

あなたは今一体、何世帯を担当しているだろうか。

社会福祉事業法（社会福祉法）にもとづく運用[※96]は一人八〇世帯。

95 私たちは二〇年以上にわたって、地域や職種をこえた研究グループ活動を続け、年一度の合宿、月例の研究会、本の出版などの事業を通してお互いの考え方を議論し合っている。「**研究交流会・東京ソーシャルワーク**」という。

連絡先

http://www13.plala.or.jp/tokyosocialwork/

96 **社会福祉法第十六条（所員の定数）**

所員の定数は、条例で定める。但し、現業を行う所

一体、一人で本当にこれだけの世帯の所得保障や援助にかかわる仕事ができるだろうか。実際にできるかどうかは、仕事の構造・必要な時間などを分析研究し、所属する自治体の職員としての事務等を差し引いた一年間に使える時間と対比させてみればわかることだが、ケースワーカーの仕事の構造がどうなっているのかさえ、ほとんど考えられたこともないと思う。

そういうことは上級の機関や自治体の経営者にとってどうでもいいことなのである。

しかもこの数字は社会生活が複雑化し、他法・他施策にもとづく社会資源の状況が全く変容した今日でも、法制定当時から変わっていないというのだ。※97

ちなみに東京特別区の設立した生活保護・更生施設の指導員では、担当する人員は一〇〜二〇人程度である。※98

さらに八〇世帯を担当するケースワーカーの評価は、減点法である。一人暮らしの高齢者が亡くなっていて、訪問の間隔があき、発見が遅れたことから、「適正な扶養調査が行われていない」と監査で指摘を受けることまで、何か不都合があったら全部ケースワーカーが悪いということになるのだ。

難しい仕事に取り組むときは考えなければならない。

ケースワーカーはやりがいもあり、重要な仕事であるが、こういう体制の中で、それなりに事務をこなし、自分なりに課題意識をもって取り組むということは、なかなか大変なことである。つまり、自分が一般の公務員だと思っているだけで

員の数は、各事務所につき、それぞれ左の各号に掲げる数を標準として定めるものとする。

一　都道府県の設置する事務所（省略）

二　市（特別区を含む。以下同じ）の設置する事務所にあっては、被保護世帯の数が二百四十以下であるときは、三とし、被保護世帯が八十を増すごとに、これに一を加えた数

97　社会福祉事業法第十五条を参照。

98　『平成九年度版　更生施設・宿所提供施設・宿泊所提供施設事業概要』特別区人事・厚生事務組合、一九九七年

は到底やり遂げることができないということである。

どういう考え方をするのかといえば、自分が公務員として勤務しているのは、公務員としての仕事を独立して営んでいる事業主であると考えることである。

「サラリーマンは社員という稼業の経営者であるという意識を持て」[※99]、と言ったのは経営の神様といわれた松下幸之助氏であるが、これは自分自身をいかに経営していくか、という課題意識を持って仕事に精進しないと企業の発展も自らの向上もないという考え方である。

これはケースワーカーにとって、実に役に立つ考え方である。

例えば、役所という組織の中だけの自分のことしか意識できないと、ケースワーカーに必要な知識を身につけることの一つひとつが、すべて無駄なことに思えてしまう。しかし、損得のスケールを、組織を超えて広く、また短期のものから長期のものに変えれば、投入する労働の過程は組織の利益になるだけでなく、自分にとって意味あるもの、価値あるもの、つまりは自己実現の過程となってくる。

また、経営者になれば、組織から少し距離をとって仕事を見直すことになり、ただ実施要領や監査方針、上司の意見などを真に受けて汲々とするだけでなく、何が本当に必要なものなのか、プロとしての判断で仕事を進めていくことができる。事務の処理や仕事の進め方についても、「経営者」になったあなたは、いろいろ工夫をこらし、きっと効率のよい方法を考えだすと思う。

99　松下幸之助『社員心得帖』三四頁～、ＰＨＰ研究所、一九八一年

もっとも心配することはない、疲れたら休んでいい。いくら自営業を意識しても、倒産することはないのだから。

○常に仕事を意識せよ、自分の給料分だけ働いてどうする

○ケースワーカーの動きは少なければ少ないほどよい。ただし、動かずに済むようになるために日々動き続けることだ

○生きることは捨てることだ。無駄なことをしていると本当に必要なことが見えなくなる

○仕事をすることで、自己実現がはかれたらいい

097 常に事業化・予算化を考える

その昔、我が地域では被保護世帯が長期入院や施設入所により転出すると、誰もいなくなったアパートの部屋を係総出で片付けたものである。清掃事務所に連絡し、道路に家具や袋詰めした不用品を積み上げ、トラックに投げ上げる一日がかりの仕事であった。約十年ほど前からは清掃業者と委託契約を結び、ケースワーカーは立会いだけで済むようにしたのである。

あるいは、救急病院から電話が入り、「あなたの担当地区で倒れていた人が救急で運ばれてきたが、着のみ着のままなので身の回り品を持ってきてほしい」と

言われることがある。一体こういうことが仕事なのかと思うことがあるが、私の区では洗面用具のセットなどが予算化されている。

しかし、あなたのところで生活保護を受けている一人暮らしの老人を保護しているので引き取りにきてほしい、と警察から連絡が入っても、すぐ使える自動車は一台もない。今でも、福祉事務所に自動車を予算化することはできていない。

事業化ができたものもあり、できていないものもある。

生活保護の仕事なのか、区としての固有の仕事なのかは別として、福祉事務所は事実の先行するところである。やらなければならない仕事が次々にやってくる。

福祉事務所の仕事が、ほかの役所と同じように主たる事業の予算のほかには紙とボールペン、電話と自転車でできると思ってはならないのである。

福祉事務所では、事務費とか経費という考え方が極端に弱い。例えば、調査とか他機関との連携などといっても全く予算の裏付けがないのである。

他部局のことをつい引き合いに出したくなるところである。

生活保護費を出しているだけでもありがたく思え、というお上の意識がケースワーカーの意識にまで入り込んで、言っても仕方がない、これ以上何をしろというんだ、仕事が増えたらたまらないと思い込んでいないだろうか。

だから生活保護の「事務」をしているという感覚はあっても、生活保護の「仕事」をしているという認識が希薄である。

私たちは、どこに、どう、いくらの金を使うと何ができるのか。

こういう考え方をしなければ仕事は進まない。
仕事とは金の使い方を提案することである。

098 ケースワーカーとは、自分を知る者のことである

役所のトイレから出ようとしたときに、委託業者から派遣される清掃員の女性とすれ違った。定期的に庁舎を回り、木枯らしの朝も光化学スモッグの午後も黙々と私たちの便器を磨き水洗いし、終わると帰っていく。

駅の階段を下りていくと、長靴とゴム手袋姿の作業員たちが無言でガムを剥がしている。

私たちは、人権である社会福祉を適用し、権利を擁護することを職務としているが、こういう清掃作業員の人たちからの税金もその経費となっていることを忘れてはならない。権利に過ぎてはならない。

つまり無理な就労指導をして被保護者を苦しめてはならないが、何もしないことを要件に権利を発生させ、「無理をして働くこともない」と思う人たちをつくり出してはならない。

請求する側と、金を出す側に理屈があり、プロとはこのバランスを知る者のことでもある。

面接室や訪問先で出会う対象者の表情が柔らかく、笑顔で私たちの提案を受け入れてくれたからといって、我々が立派なケースワーカーになれたのだと思ってはならない。ケースワーカーとは金を出す者のことでもある。誰でも、お金をもたらす人を大切にするのは常識ではないか。

この仕事を愛するあまり、仕事も自分も過大評価してはならない。

誇りを持って仕事をしても、思い上がってはならない。

過ぎたるはなお及ばざるが如し。

ケースワーカーとは、税金で仕事をする者のことである。

099
自分の職業はケースワーカーだと思うこと

今まで二十数年この仕事に関わってきて思うことは、常に福祉事務所は素人の集まりだということである。職員の間には、どうせいつかは異動する、私たちはたまたまここにやってきた一介の事務屋なのだから、という一歩引いた意識が満ちている。

職員の一部を除くと社会福祉の仕事をしているという意識はなく、まして自らの「職業」をケースワーカーだと思っている「ケースワーカー」は、めったにいない。

実際に福祉事務所は常に新しい職員が多く、理論もなくノウハウも蓄積されることがなく、私たちにとって難しいケースはいつも新しい経験である。新任の係長には、常にここがどういうところか、この仕事がどういうことなのか説明し、なんとか一緒にやれると思う頃には異動が待っている。

すでに述べた監査においても、単に上級庁にいるというだけの不勉強で課題意識が低い担当者が現場に来て、この保護はおかしいと思いつきを言えばそのとおりになってしまい、現場には何らの専門性も認められていない。

私たちは一体何者なのかといえば、その答えは「ケースワーカー」ではなくて「公務員」なのである。それが事務屋の公務員の意識であり、現実そのものである。これでは、保健・医療などとの連携といっても他の職種に全く対抗することができない。自分の権利を護ることができずに、利用者の権利を護ることはできない。

今後、生活保護ケースワーカーの役割が所得保障のみに限定されていく場合でも、あるいは続けて社会福祉援助の機能を果たすことになっていく場合はより以上に、ケースワーカーの専門性が必要とされる。

せめて私は、社会保障・社会福祉の基礎とされるこの分野で、職員が自分はプロのケースワーカーだと思える条件整備が図られなければ、国家百年の計を誤ることになると思う。

ただ、それでも、自分の職業をケースワーカーだと思う多くの人々によってこの制度が支えられていることも事実である。

100 ケースワーカーとは、社会福祉の理論を持つ者のことである

役所に入って、ケースワーカーとなり、すっかりその気になって青春期間の何年かを投入したとしたら、それに見合うだけの思い込みがあってもいいと思う。その思い込みとは、私の場合、自分の職業がケースワーカーだという思いである。

制度的な規定がほとんどないなかで、その思い込みを継続させるために必要なものは、信念と理論、そしてその実力（技術）と関係者や他職種からの認知ではないだろうか。

中でも、ケースワーカーが、ただの事務屋の公務員ではなく、プロの社会福祉援助者であるために重要なことは、私たちが社会福祉の理論を持つ職種になるということである。理論が自分自身を支え、理論にもとづく仕事が、関係者・他職種の認知の獲得に通じるからである。

本来、自分が拠って立つ根拠を認識することなしに、仕事が進められていることと自体がおかしなことではないか。日々の仕事の効果を評価するシステムもなく、規定の回数の訪問がなされていない、無収入の申告書を徴収していない、扶養義

務者調査が不十分、長期外来患者の稼働能力を検討していない、などとひたすら減点法で管理され、ケースワーカーに自分で考えて動く時間が残されているだろうか。現実のケースワーカーは、不安の中でノルマに追われる人のことである。

自らの理論を持つことで、落ち着いて仕事ができる。また逆に言えば、自分にとって意味があり、自分が強くなれる、そういう理論を構築する必要があるということである。

現在、私たちがそういう理論を持っているとすれば、生活保護の解釈学に加え、社会福祉学や社会福祉援助技術、あるいは法律学や医学の教科書から、私たちが勝手に必要な情報や理論を取り出して編集しなおしたものと考えてよいだろう。これだけでも、仕事に役に立ち、上からの指示が間違っていても自分が落ち込まずにやっていける。

問題は、その先の編集方針である。

私は、ケースワーカーが社会福祉の理論を持つ際に、**制度の本質**と**人の全体**を見る視点を提案しておきたいと思う。

例えば、医師が患者の病気を診断して治療を行うとき、ある薬を投与するかどうかは医師の専門技術的な裁量に委ねられるが、ケースワーカーが生活保護に該当した人にある一部の扶助費を支払わないほうが彼の自立意欲を助長するからといって、支払いを留保するなどということは認められないということである。

そこで医療の側は、アルコール依存症の患者に支払う生活保護費の支払い方まで、いとも簡単に注文を付けてくることになるが、これを社会福祉の立場からそのまま認めるわけにはいかないのである。

それは、社会福祉の給付が社会保障法にもとづく権利であることや、援助が自己決定の原理にもとづくべきだからである。

あるいは、自己決定ということでいえば、本人を尊重しない社会の中では生活保護の受給者であるということで二重三重に無視され、一人の人格として認められないことが多い。

「あの患者を転院させてほしい」「アパートの家賃を上げたいのだが」。こういう「依頼」を本人を通さずに受けることの何と多いことか。

こんなとき「ご本人にはお話しされたんでしょうか」と話を始めることが我々固有のやり方なのである。

これが制度の本質を理解するということである。

人の全体を見るということは、人の全体を時間的空間的な広がりの中で見るということである。我々の仕事を、サービスを細切れに提供する仕事にしてはならないということでもある。

例えば、高齢者に対する援助を、在宅サービスの担当と、ホーム入所の担当などと二つに分けた場合を考えれば明らかである。どちらの担当も人間を見なくなって、サービス中心に仕事をするようになり、志が低下するからである。

人の全体を時間的空間的な広がりの中で見れば、今まで見えなかったものが見えてくる。生活保護を受けながら施設に入所している人が、かつては事業を経営してきた人である場合もある。その人が施設で指導員の指示に従わないため、私が呼ばれる。そういうとき私は、まず「ご苦労さまです」と言うことにしている。あなたほどの人が、こういう所で、毎日作業をする境遇になって、自分の娘や息子より若い人たちの指導を受けて、さぞ大変なことだろうという思いをこめて。

生活保護で関わっているのだからといって、生活保護の原則と指導・指示を繰り出すだけのワンパターンでは、事務ではない「仕事」を成し遂げることはできない。

ただし、自分の提供しているサービスは、その人の全体に対するほんの一部であって、狭い専門領域の価値判断を押しつけてはならない。高度な医療技術でさえ、患者の自己決定にもとづくチョイスのもとでのみ有効となることに注意しなければならない。

気をつけなければいけないことは、個人の生育歴を詮索したり家族関係に介入して、「あの家族は分離したほうがよい」などという判断を、社会福祉の立場ではやってはいけないということである。

専門性の名において行われる、人間に対する無理解や冒涜を許してはならない。社会福祉の理論とは、人間の尊厳、給付の権利性、援助の方法論あるいは人間に対する理解に関するものだと私は思う。しかも、こういうことについては、現場で対外的に「なるほど、福祉事務所のケースワーカーはそういう考え方をするのか」とわかってもらえるような、具体的なやり方まで研究しておかなければ意味がない。

その研究の過程を進めるために必要なことは、行動理由の意識化をするということである。仕事の中でとった行動は、なぜなのか、自分で理由を意識でき、わからないことは課題化して考え、外に向かって問題提起をすることもできる。

そのためには、グループをつくってお互いの課題意識を常に交換しあえること、研究を続けられることが不可欠である。

こうすることで社会福祉のプロに向かう道が拓けると思う。

プロとは、理論の上に立つ者のことである。

あとがき

この程度の私が、こんなことを言っていいのだろうかと思いながら書き進めてきた。長い間、私など想像もつかない厳しい現場で黙々とこの道に精進されてきた先輩諸氏のことを思うと、何とも申し訳なさ、恥ずかしさでいっぱいである。

ただ、一方でこの程度の自分が言うからこそ意味があるのだという思いもある。誰が見ても立派に仕事をこなしてから発言しようなどと考えていたら、いつまでたっても誰も何も言えないだろう。

念のために言っておくが、私はけっこういい加減な男だ。仕事もこんなにやっているぞというつもりは全くないし、むしろこの程度のことしかやっていないのは本文のとおりだ。しかし、そういうことではなくて、この仕事、この制度、一言でいって、「よく黙ってやってられるね」というところだ。

そもそも、生活保護法という難しい仕組みにもとづく社会福祉援助を、常に入れ替わる素人の事務屋が、しかも一人で七〇とか八〇などという数の世帯に実施できるはずがないではないか。

各自治体でも、もっと人的・予算的に手厚い事業執行を取り組むべきだ、現実に合わなくなった古い制度の仕組みを改めていくべきだ、職員が異動してきたくない職場のままではいけないと思う。

社会福祉ニーズの多様化と高度化は使い古された言葉であるが、供給体制がいかに普遍化し、いかに生活保護法の相対的地位が低下しても、今まで福祉事務所が受け持ってきたニーズがなくなるわけではない。むしろ、生活保護制度を中心に福祉事務所が担ってきた一兆円を超える事業空間は、今後年金制度の状況や、介護の分野も加わることなどから、ますます拡大されていくものと思う。

私たちが、こういうことについてものを言わずに、また関係者にこの分野の前近代性を理解してもらうことなしに、二十一世紀にむけた社会福祉の基礎構造改革が、実現されるだろうか。全国のプロケースワーカーに出会い、交流したいと思う。みんなでもっと発言して、各地の課題を、社会化したいものである。

最後に、本書を書き上げることができたのは、私の意図を認めてくださり、思考や表現の方法に多くの示唆を与え、原稿の完成まで粘り強くご指導くださった小林律子さんはじめ、現代書館の皆様のおかげである。どのようにお礼を申し上げてよいかわからない。ありがたいことである。

一九九九年二月

著者

増補版へのあとがき——生活保護法改正をふまえて

一九九九年に本書の初版が出され、その後一六年という時間が経過しました。

二〇〇〇年には、社会福祉基礎構造改革の中で介護保険制度が施行され、この年、生活保護に介護扶助が加わりました。

二〇〇三年に、基礎構造改革の一環として社会保障審議会福祉部会に「生活保護の在り方に関する専門委員会」が設置され、生活保護基準と制度運用の在り方の検討が行われました。この報告により、老齢加算の廃止が行われ、高校に就学する費用が生業扶助に加わり、自立支援プログラムが開始されました。

この間、我が国の要保護（窮乏）世帯はこれまでになく増大し続けています。保護を受けられず、孤独死を余儀なくされた人々、あるいは申請をめぐる不適切な対応に関する報道も途切れることなく続いてきました。生活保護基準（生活扶助）は、一九九九年以降ほとんど上昇したことはありません。

二〇一二年には、報道機関、国会議員等による人気芸能人の母親の生活保護受給報道に始まる生活保護バッシングがはじまり、受給者は怠けているとされ、不正受給をする者が多く、扶養義務を強化すべきとされました。

二〇一三年度から生活保護基準の減額改定が行われ、この年度の十二月に、申請書の法定化、扶養義務者等に対する調査権の拡大、あるいは不正受給の「厳罰化」などをふくむ、生活保護法の大きな改正が行われました。生活保護が一段と、敷居の高いものになったことになります。

さて、本書の役割がまだ残っているのなら、この時期の生活保護制度自体の変容をふまえる意味は、何でしょうか。

それは、私たちケースワーカーに与えられた事業空間において、制度本来の役割を機能させ、この制度を必要としている人々の役に立つということではないでしょうか。しかし、これまでも制度の創設以来、「保護の適正化」などと表現される制度運用が繰り返されてきた経緯があります。

生活保護制度は、生存権という基本的人権に基づく制度なのに、運用の局面では、大変なことになっている。そこでは担当する職員も行政組織の指揮命令系統の中で、自分を締め付けながら仕事をしてきた歴史があります。

本書では、困難な局面で「どうすればいいのか」という場合の主語は福祉事務所のケースワーカーで、「現場でしたたかに生き抜く」ことが求められるということを書かせていただきました。あとがきの意味は、まだこの本が現場で役に立つのかということではないでしょうか。いくつかの論点を整理して、福祉事務所で生き抜く読者のお役に立てればと思います。

①現場でしたたかに生き抜くためにどうすればよいかについて、最も重要なことは、正しい理屈に基づいて仕事を行うことだということです。しかしそうは言っても、急迫している状況にあるのか、稼働能力がないのか、どのように指導・指示をしたらよいか、など事実認定の在り方、あるいは業務の進め方が必ずしも明確ではありません。そういう中で、ケースワーカーなのだから何とか「ケースワーク」しなくてはとあせります。

ケースワークという曖昧なものでなく、正しい根拠をどのように導き出すべきなのかという課題意識が求められます。

※第四版にあたって（あとがき）から抜粋

二〇〇八年度に保護の実施要領の改正がありました。このとき加わったきわめて重要な次官通知として、「稼働能力の活用」と「保護の開始申請等」があります。これこそ本書が大きな論点としてきた部分です。本書では、「稼働能力を有り無しで考えないこと」、など両者に関し、六つの「心得」としてそれまでの実施要領による保護決定の困難性を指摘しました。

私は、「問題は申請と稼働能力をめぐって起きている」、「実施要領に空白がある」と二〇〇六年にも発言しました（『ソーシャルワーク研究』Vol.31 No.4, 二〇〇六年）。もっともこの実施要領改正の主な理由は、生活保護裁判の推移をふまえたものでしょう。つまり稼働能力の判定あるいは、申請の受け方に関する実施要領がなかったことが明らかにされ、それでは、適正な保護決定ができないことが明らかになったということになるでしょう。それなら、今までどうしていたのでしょうか。

この空白を埋めてきたものが、「ケースワーク」にほかなりません。稼働能力の定義も、判定の項目も手続きも、実施要領に何の項目もない中で、「検診命令」を出し、福祉事務所指定の医師の「軽労働可能」という診断を根拠に、住所不定者に生活扶助を行わないというケースワークが全国的に行われてきました。本書は、ケースワーカーとは必ずしもケースワークを行う者でなく、「制度を適用する者」であれ、と述べています。

② 受給者に対するバッシングは、ケースワーカーへのバッシングにもなっています。「いい加減な仕事をしているんじゃないか」と市民から実際に言われることもあります。不正受給はよくないことという認識で当然です。また、その比率が低いからたいした問題ではないという考え方は誤りです（いい悪いは、比率の問題ではありません）。問題は、不正受給者がいるから厳しくすべきという考え方が誤りで、不正受給への対応が求められるから、一般の要保護者に厳しくするということが誤りです。不正受給への対応が必要であることと、決められた権利を保障することはそれぞれ別のことです。

要保護状態にある、あるいは急迫している、この人が今仕事をするのは無理ではないか、などと思うことが仕事で、そういうことが行政処分の根拠となる事実の認定につながります。生活保護制度は、そういうこともありだということになっているわけです。こういうこと（アセスメント）に自信が持てないから、すべて物的証拠のある場合だけしか保護しないことにしたら、自分で自分のことを証明できない人たちは保護を受けられないことになります。生活保護法と地方公務員法に違反することは避けたいものです。

③生活保護費が増大して、自治体の財政が圧迫されると言われます。そうなんでしょうか。生活保護制度では、保護の実施機関を有する地方自治体が、生活保護費を一〇億円負担すると、四〇億円使える（その地域で使えるお金になる）という仕組みになっています。また、その一〇億円、つまり生活保護支給額の四分の一と、事務費は地方自治体の負担ですが、これらを基本財政需要額として、地方交付税が算定され地方財政に還流する仕組みとなっています。

したがって実際は、生活保護を実施すればするほど国から「補助金」が入ってくることを公表すべきです。ケースワーカーが仕事をすればするほど、人が人間らしく生きていけるだけでなく、地域が潤うことになります。生活保護は、自治体にとって貧困が深化する中で、今や地域を支える成長産業です。ケースワーカーは、人と地域に貢献しているという自負を持っていただきたいと思います。

④法はできないことを求めることはできません。申請書が法定化されても、字の書けない人には、職員が代って書けと六〇年以上前の『生活保護法の解釈と運用』（小山進次郎著）に書かれています。ケースワーカーたるものできないことをしようと思ってはなりません。照会し、報告を求める権利

が与えられても、地方公務員法でプライバシーの漏洩をすることは禁じられていますので、相手を見て、方法を考えて慎重に調査をかけなければなりません。法律に書かれていても、その権限を行使するかどうかは実施機関が判断し、結果についても、直接的には責任を負うことになるからです。

私たちの社会が選択しつつある生活保護制度の後退は、生存権の侵害で、社会保障制度の最低保障水準（ナショナルミニマム）の低下です。この選択は、まわりまわって、私たち自身が自分で自分の首を絞めることにつながりますが、幸いというか当然のこととして、今回の法改正で、法の原理・原則には手がつけられたわけではありません。

本書の賞味期限が、いつまでも延長されてよいのか今のところ判然としませんが、ぜひ本書をたたき台に、これからも全国のケースワーカーの皆様と意見交換を行い、交流を深めていきたいと思います。

二〇一五年三月二十五日

著者

❖著者紹介

柴田　純一（しばた・じゅんいち）

1975年、早稲田大学社会科学部卒業後、大田区職員となり福祉事務所に配属。土木部など勤務を経て1977年から3回目の福祉事務所勤務。1996年、福祉事務所が舞台となったNHKテレビドラマ「命の事件簿（ケースファイル）」（1997年放映）の制作に協力。

2001年度から2003年度まで東京社会福祉士会受託事業「路上生活者緊急一時保護センター大田寮アセスメント作成事業」担当理事。2002年、介護保険課を最後に大田区を勧奨退職。東洋大学大学院社会学研究科修士課程修了。

2004年度から中部学院大学准教授、2009年度から同教授。

共著『How to 生活保護』〔自立支援対応版〕（現代書館）

〔増補版〕プロケースワーカー100の心得
――福祉事務所・生活保護担当員の現場でしたたかに生き抜く法

1999年3月20日　第1版第1刷発行
2015年5月10日　増補版第1刷発行
2019年4月1日　増補版第3刷発行

著者	柴田純一
装幀・イラスト	尾形まどか
発行者	菊地泰博
組版	具羅夢
印刷	平河工業社（本文）
	東光印刷所（カバー）
製本	鶴亀製本

発行所　株式会社　現代書館
〒102-0072　東京都千代田区飯田橋3－2－5
電話 03（3221）1321　FAX 03（3262）5906
振替 00120-3-83725　http://www.gendaishokan.co.jp/

校正協力・栢森　綾

 ISBN978-4-7684-3540-3
定価はカバーに表示してあります。乱丁・落丁本はおとりかえいたします。

東京ソーシャルワーク 編

How to 生活保護〔生活保護法改定対応版〕

――申請・利用の徹底ガイド

二〇一四年七月に施行された初めての本格的生活保護法「改正」（申請の様式化、扶養義務のとり扱い強化、等）に対応した全面改訂版。基準額変更と他法・他施策の変更、法改悪に対する対応を制度運用者の眼で具体的に盛り込んだ生活保護利用の最新版。Q&A30問付。

1000円＋税

山口道宏 編著

「申請主義」の壁！

――年金・介護・生活保護をめぐって

年金、介護、施設利用、生活保護、高額医療費還付も保育所も、日本の福祉制度利用は申請しなければ何事も始まらない。しかし制度は複雑で、生活保護のように申請すらさせない給付抑制が行われている。具体的事例から申請主義の弊害を暴き、対応策を考える。

1700円＋税

山口道宏 編著

無縁介護

――単身高齢社会の老い・孤立・貧困

「地縁」「血縁」「社縁」が薄れ、福祉サービスにたどり着けない〝無縁介護〟の状態が〝無縁死〟を引き起こし、貧困の拡大がこの状況に拍車をかけている。「無縁死」あるいはその一歩手前の実態を、ケアマネ、サービス提供責任者、ヘルパー、訪問看護師等、在宅介護・医療の現場から洗い出す。

1600円＋税

中嶌 洋 著

地域福祉・介護福祉の実践知

――家庭奉仕員・初期ホームヘルパーの証言

在宅福祉の担い手である全国の家庭奉仕員、初期ヘルパーの貴重な証言と戦後の地域福祉実践の歴史に学び、今後の地域福祉・介護福祉実践に寄与する知見を「介護・福祉の当事者として生き抜く四十訓」として提示した。人材育成の実践教材であり、かつホームヘルプ事業史の研究でもある。

3500円＋税

高山俊雄 著

50のケースで考える 医療ソーシャルワーカーの心得

――時代と向き合う実践記録

何のために医療の場に医療ソーシャルワーカー（福祉援助職）がいるのか。五百床超の大病院で一人でてんてこ舞いした新人時代から四〇年。ベテランワーカーの経験と知恵を集積させた「ソーシャルワーク原則」が出来上がるまでの五〇の事例集。新人ワーカー必携。

1800円＋税

高山俊雄 編著

現場で磨くケースワークの技

――「バイステックの原則」を基に

社会福祉援助の教科書「バイステックの7原則」を紐解き、医療ソーシャルワーカー、生活保護ケースワーカーが相談支援の現場対応の在り方を具体的に検証。なぜ「原則」が必要なのか。原則通りいかないのはなぜか。ではどうしたらいいのか。相談業務に携わる新人、NPO等の人に参考になる。

2000円＋税

竹端 寛 著

権利擁護が支援を変える

――セルフアドボカシーから虐待防止まで

当たり前の生活、権利を奪われてきた精神障害や知的障害のある人の権利擁護をセルフアドボカシー、システムアドボカシー、社会福祉実践との関係から捉え返し、構造転換を支援する具体的なアプローチを提案する。ケアマネ、MSW、PSW、社会福祉士等福祉現場に携わる全支援者の必読書！

2000円＋税

（定価は二〇一九年四月一日現在のものです。）